Stuttgarter Kleiner Kommentar
– Neues Testament 5 –

Stuttgarter Kleiner Kommentar
– Neues Testament 5 –

Herausgegeben von
Paul-Gerhard Müller

Klaus Kliesch

Apostelgeschichte

Verlag Katholisches Bibelwerk GmbH, Stuttgart

CIP-Kurztitelaufnahme der Deutschen Bibliothek

Stuttgarter Kleiner Kommentar. –
Stuttgart: Verlag Katholisches Bibelwerk
Abt. teilw. hrsg. von Gabriele Miller u. Alfons Musterle
Neues Testament / hrsg. von Paul-Gerhard Müller.
[N.F.], 5. Kliesch, Klaus: Apostelgeschichte. – 1986
NE: Müller, Paul-Gerhard [Hrsg.];
Miller, Gabriele [Hrsg.]

Kliesch, Klaus:
Apostelgeschichte / Klaus Kliesch. –
Stuttgart: Verlag Katholisches Bibelwerk, 1986.
(Stuttgarter Kleiner Kommentar:
Neues Testament; [N.F.], 5)
ISBN 3-460-15351-2

ISBN 3-460-15351-2
Mit kirchlicher Druckerlaubnis

Druck: Wilhelm Röck, Weinsberg

Inhaltsverzeichnis

VERZEICHNIS DER EXKURSE

Vorwort

Lieber Leser,
bevor Sie dieses Buch lesen, bitte ich Sie herzlich, zuerst ganz das Lukasevangelium und die Apostelgeschichte zu lesen. Und wenn Sie meine Ausführungen gelesen haben, dann lesen Sie bitte nochmals die Apostelgeschichte. Denn mein Beitrag möchte Ihnen helfen, sich in die Apostelgeschichte hineinzuleben, deren Glaubens- und Kirchenverständnis zu erschließen und dadurch einer eigenen biblisch begründeten Glaubens- und Kirchenposition einen Weg aufweisen.

Auf einige wichtige Grundeinstellungen meiner Ausführungen möchte ich Sie hinweisen. Meine Ausführungen sind der historisch-kritischen Bibelauslegung verpflichtet und beanspruchen, methodisch und wissenschaftlich begründet zu sein, auch wenn andere Autoren in der Auslegung bestimmter Schriftstellen zu anderen Ergebnissen kommen. Der Verstand ist nicht einziges Maß der Auslegung, möchte aber die Bibel vor Beliebigkeit und Unvernunft schützen.

Unser Weltverständnis ist nicht mehr das Weltverständnis der biblischen Zeit. Für uns ist vieles erklärbar und durchsichtig geworden. Von einem unmittelbaren und direkten Eingreifen Gottes in das Weltgeschehen gehe ich nicht aus. Gott handelt mittelbar. Alles ist so sehr von Gott abhängig und auf ihn bezogen, daß Gott alles in seiner Hand hält und es nicht nötig hat, durch besondere Naturereignisse die Welt zu lenken und zu verbessern. Wohl aber greift Gott direkt und unmittelbar über die Herzen der Menschen ein, um Welt zu gestalten und in Liebe zu vollenden. In unüberholbarer Weise tat und tut er es in Jesus Christus.

Gott liebt seine Schöpfung und in ihr jeden Menschen vor aller

Leistung und trotz aller Schuld. Mit dieser mir wichtigsten Aussage des Glaubens müssen sich alle Aussagen vereinbaren lassen. Das Glaubenszeugnis der Heiligen Schrift kann nicht den eigenen Glauben ersetzen. Es ist wie eine Einladung, sich auf Gottes Wirklichkeit einzulassen, Gottes Geist und Kraft im eigenen Herzen zu entdecken und das Leben gläubig zu sehen und auszulegen. Für ein gläubiges Herz gibt es nichts Profanes, alles wird durchsichtig für die Liebe Gottes. Das Schlimme und das Unmögliche, Schuld und Sünde werden in der Begegnung mit Gott nicht erklärbar, aber auch nicht zur Anklage gegen Gott, eher zum Zeichen dafür, wie erlösungsbedürftig unsere Welt und unser Leben sein müssen und daß Gottes Einsatz in Jesus Christus nicht zu hoch gegriffen ist.

Schließlich möchte ich noch bekennen: Mein Glaube ist kirchlicher Glaube, nicht selbst zurechtgelegt, sondern durch die Gemeinschaft der Kirche geschenkt. Die Gemeinschaft der Gläubigen will dem einzelnen helfen, daß sein Leben gelingt, und dies nicht für sich allein, sondern zu Gunsten der anderen. Die Apostelgeschichte will dem Glauben, der Glaubensverkündigung und dem Kirchenverständnis dienen.

Freude am lukanischen Doppelwerk wird nur bekommen, wer Freude an Geschichten, Märchen, Legenden und Erzählungen hat oder bereit ist, eine solche Freude zu entwickeln. Es geht nicht so sehr um die Entdeckung dessen, was im Anfang war, sondern um den Eindruck, den die erzählte Geschichte in erzählten Geschichten heute und jetzt auszulösen vermag.

Wer sich mit dem Text der Apostelgeschichte befaßt, muß als erstes genau hinsehen, was dort steht, wer handelt und unter welchen Umständen gehandelt wird. Es darf weder etwas dazugedichtet, noch übersehen werden. In der Wissenschaft sind dafür eine ganze Reihe von Kriterien erarbeitet worden, die für das normale Lesen nicht bedacht werden. Aber auch für den Laien bleibt es wichtig, Struktur, Wortwahl, Aussage und Handlung zu erfassen.

Als zweites sollten alle historischen Fragen kritisch ins Licht gerückt und soweit wie möglich beantwortet werden. Dazu gehört die Erhellung der historischen Situation, über die erzählt wird, aber auch die Erhellung der Situation des Verfassers und seiner

Adressaten, warum so und nicht anders geschrieben wird, mit welchem Vorverständnis und mit welcher Absicht.

Als drittes ist, wenn auch laienhaft, nach den menschlichen, seelischen und psychischen Voraussetzungen zu fragen, die dem Text und allen Menschen zu allen Zeiten und in allen Religionen gemeinsam sind. Dadurch wird der Text wichtig und einer rein historischen Betrachtungsweise enthoben. Wenn es gelingt, den Text als eine Aussage zu verstehen, die das eigene Ich thematisiert, dessen Ängste, Sehnsüchte, Hoffnungen und Niederlagen, wird Heilige Schrift zu einem Wort für heute.

Bei allem ist die theologische Dimension zu erhellen, die nie ohne die historischen und psychologischen Gegebenheiten, und damit nicht ohne das sprachliche Kleid, in den Blick kommt. In der Apostelgeschichte handelt es sich um Erfahrungen gläubiger Herzen, die sich aussprechen und deren Verbindlichkeit darin liegt, daß diese Erfahrungen allen Menschen möglich und von Gott jedem zugedacht sind. Das Glaubenszeugnis der ersten Christen bringt nicht private Erfahrungen, sondern persönlich erlebte, gottgegebene Wirklichkeiten zur Sprache.

Stellen Sie sich immer die Frage: Wie komme ich oder wie kommen wir in diesem Text so vor, daß dieser Text mich oder uns und damit Gottes Heilshandeln an mir oder uns widerspiegelt? Dabei wird nicht nur die persönliche Bedeutung der Apostelgeschichte in den Blick kommen, sondern ebenso ihr Anspruch, Kirche in unserer Zeit durch Rückbesinnung auf die im Neuen Testament verdichtete Ursprungsgeschichte der Kirche zu verdeutlichen. Die Situation der ersten Christen ist weitgehend anders als unsere Lage. Eine direkte Übertragung wäre kurzschlüssig. Aber die Konzentration der Apostelgeschichte auf Gottes Handeln in Jesus Christus, die bezeugte Wirklichkeit göttlichen Geistes, die dynamische Missionskraft, das als vorbildlich hingestellte Leben der Urgemeinde, die Lernfähigkeit der apostolischen Verkünder, das Vorwärtsdrängen der Botschaft trotz härtester Widerstände, das alles kann Kirche heute gebrauchen, beweglich machen und auf einen zuversichtlichen Weg bringen, der dem Geist Gottes, der Heilsmacht der Botschaft und der Offenheit der Menschen mehr entspricht als alles Festgefahrene, Niederdrückende und Unbewegliche.

Es versteht sich von selbst, daß dies durch den Kommentar nicht bewegt werden kann. Ich vertraue aber auf die Eigenkraft des Gotteswortes.

ERSTER TEIL

Einleitung

1. Verfasser

Über den Verfasser der Apostelgeschichte wissen wir nicht viel. Die Tradition nennt ihn Lukas und hält ihn für den Paulusbegleiter, der in Phlm 24 und 2 Tim 4,11 genannt und in Kol 4,14 als Arzt bezeichnet wird. Dahinter steht das Bemühen der späteren Jahrhunderte, den Verfasser des lukanischen Doppelwerkes, Lukasevangelium und Apostelgeschichte, an die Autorität der urkirchlichen Apostel zu binden. Beide Schriften nennen keinen Namen als Verfasser, wir nennen ihn weiterhin Lukas. Er gehörte nicht zu der ersten Christengeneration, war weder ein Augenzeuge des Lebens Jesu noch ein unmittelbarer Zeitgenosse jener Zeit der Urkirche, die in der Apostelgeschichte zur Darstellung kommt. Seine Sprache, sein Stil, sein Umgang mit der Überlieferung lassen einen gebildeten Griechen erkennen, der auf der Höhe des literarischen Schaffens seiner Zeit steht. Er ist ein Christ, der aus dem Heidentum kommt, mit großer Begeisterung den Ursprüngen des Glaubens nachgeht und so zu einem großen Theologen wurde.

2. Abfassungsort und -zeit

Lukas schreibt in der dritten Christengeneration. Sein Evangelium sieht auf die Zerstörung des Jerusalemer Tempels (70 n. Chr.) als Ereignis der Vergangenheit zurück und wird zwischen 70 und 80 n. Chr. entstanden sein. Für die Apostelgeschichte werden als Entstehungszeit die Jahre 80 bis 90 n. Chr. angenommen. Eine Ortsbestimmung über das Wirken des Evangelisten ist auf reine

Vermutungen angewiesen. Lukas scheint ein Stadtmensch in Kleinasien, Griechenland, Caesarea oder Rom zu sein.

3. Adressaten

Lukas schreibt für Heidenchristen, aber auch für den außerchristlichen Leser. Er möchte durch sein Evangelium und durch seine Apostelgeschichte für Jesus Christus und seine Kirche Menschen gewinnen, Sympathie und Verständnis wecken. Heidenchristen sollen zuverlässig erfahren, daß ihr Glaube in den Anfängen der Kirche begründet, durch die Autoritäten der Ursprungszeit garantiert und nach Gottes Plan von den Juden zu ihnen gelangt ist.

Einer Generation, die sich nicht mehr mit dem Judentum verbunden erfährt und nicht mehr zur Gründergeneration der Kirche gehört, wird der geschichtliche Standort ihres Glaubens in Form geschichtlicher Darstellung der Anfänge verkündet. In Zeiten der Unruhe und der Unsicherhiet in Glaubensproblemen und im Ringen um den richtigen Glauben der Kirche soll der Leser durch die Besinnung auf den Ursprung Sicherheit und Zuversicht bekommen.

4. Verkündigungsabsicht

Als einziger der Evangelisten macht Lukas im Vorwort seines Evangeliums (Lk 1,1–4) Angaben über die Grundsätze, die ihn bei der Abfassung seines Werkes geleitet haben. Er folgt damit einer literarischen Gepflogenheit seiner Zeit. Apg 1,1 weist auf Lk 1,1–4 zurück. Die im Vorwort des Evangeliums ausgesprochenen Grundsätze sollen auch für sein zweites Buch gelten.

Nach Lukas haben es vor ihm schon »viele« unternommen, über die Ereignisse, von denen in der christlichen Unterweisung die Rede ist, in Form einer geschichtlichen Darstellung zu berichten. Wir kennen nur die anderen Evangelien und die Logienquelle. Doch erwähnt Lukas die »Vielen«, um auf die Eingenart seines Werkes aufmerksam zu machen. Die Abfassung des »Berichts« zielt auf die »Ereignisse, die unter uns zur Erfüllung gebracht wurden, wie sie uns die überliefert haben, die Augenzeugen von Anfang an waren und Diener des Wortes wurden« (Lk 1,1–2).

Dabei handelt es sich um die Apostel, die von Anfang an »Augenzeugen« waren (vgl. Apg 1,21 f.; 10,37.39) und – ausgestattet mit dem Heiligen Geist (vgl. Apg 2) – zu »Dienern des Wortes« geworden sind (vgl. Apg 2). Die Bemerkung läßt erkennen, daß Lukas selbst schon der dritten Generation angehört und bei seinem Bericht auf Quellenschriften und Traditionen angewiesen ist. So wird schon im Vorwort die Abfolge von Evangelium und Apostelgeschichte angedeutet. Denn die Zeit der Augenzeugenschaft der Zwölf fällt zum größten Teil mit dem im Evangelium Berichteten zusammen, während ihr »Dienst am Wort« (vgl. Apg 6,4) erst mit dem Pfingstfest beginnt (vgl. Lk 24,28 f.; Apg 1,8).

Hat Lukas schon den ersten Teil des Vorwortes dazu benutzt, in die Eigenart seiner Darstellung einzuführen, so ist das erst recht im zweiten Teil der Fall, der ganz der Charakterisierung des eigenen Vorhabens dient (V. 3 f.). Diese Charakterisierung bezieht sich auf die Grundlagen und auf das Ziel seines Vorhabens. Mit Sorgfalt ist er allem nachgegangen, um seinen Bericht »in der rechten Ordnung« aufzuschreiben, damit der Weg Jesu als Gottes Weg erfahrbar wird und die Art und Weise der Darstellung der Verkündigung dient.

Die Widmung des Werkes an Theophilus hat nach der Sitte der damaligen Zeit den Sinn, dem Buch den Weg in eine breite Öffentlichkeit zu bahnen. Theophilus und mit ihm die Leser des Werkes sollen zur Erkenntnis der Zuverlässigkeit dessen geführt werden, was ihnen durch die christliche Unterweisung vermittelt wurde. Dadurch, daß Lukas die Heilsereignisse in seinem Werk in einer wohldurchdachten Ordnung, umfassend und mit großer Sorgfalt von den ersten Anfängen bis zu ihrer Erfüllung in der Gegenwart darbietet, will er ihre Zuverlässigkeit, die auf dem kontinuierlich durchgeführten Heilswerk Gottes beruht, sichtbar machen. Aufgrund der Angaben des Vorwortes hat man des öfteren angenommen, Lukas weise sich damit als der Historiker unter den Evangelisten aus. Wenn man ihn überhaupt so nennen darf, dann nicht in der Meinung, Evangelium und Apostelgeschichte seien als historischer Bericht zu verstehen; denn Lukas ist (wenn überhaupt) ein antiker Historiker, dem es nicht darauf ankommt, in seinem Werk darzustellen, wie es eigentlich gewesen ist. Es geht vielmehr darum, seine geschichtliche Darstellung ganz im Dienst am Glauben der Kirche und als Verkündigung zu verstehen.

5. Einheit von Lukasevangelium und Apostelgeschichte

Der Titel »Taten der Apostel« (oder im Deutschen »Apostelgeschichte«) ist nachträglich über das Buch gesetzt worden. Er gibt den Inhalt und das Ziel des Buches nicht richtig wieder. Denn es geht nicht um die »Taten« des Petrus und Paulus, der beiden Hauptgestalten der Apostelgeschichte. Es handelt sich auch nicht um die Geschichte der Apostel.

Vielmehr will das Buch gemäß der in 1,8 enthaltenen »Inhaltsangabe« die Ausbreitung des »Wortes Gottes« von Jerusalem über Judäa und Samaria bis hin nach Rom schildern (vgl. etwa 6,7; 12,24; 13,49; 19,20). Die Apostel, Zeugen und Missionare, über die berichtet wird, sind Werkzeuge der Ausbreitung des Wortes Gottes. Deshalb werden sie nicht mehr erwähnt, wenn sie nach Meinung des Verfassers ihre Aufgabe erfüllt haben (vgl. etwa 12,17; 15,39; 28,30).

Das Lukasevangelium und die Apostelgeschichte bilden ein Werk: Das Vorwort (Lk 1,1–4) gilt für das ganze Doppelwerk; zu Beginn der Apostelgeschichte weist Lukas ausdrücklich auf das Evangelium zurück und widmet das zweite Buch ebenso wie das erste dem Theophilus (Apg 1,1); der Bericht des Lukasevangeliums über die Aufnahme Jesu in den Himmel (Lk 24,50–53) wird in der Apostelgeschichte (Apg 1,6–11) aufgenommen; Lk 1,26–38 und Apg 2,14 stehen in Parallele zueinander. Wie im Lukasevangelium der zweite Hauptteil (Lk 9,15 – 19,27) von der Wanderung Jesu nach Jerusalem ausgefüllt wird, so nimmt in der Apostelgeschichte der Weg des Paulus über Jerusalem nach Rom einen ähnlich breiten Raum ein (Apg 20,1 – 28,13). In beiden Büchern kommt Jerusalem eine bedeutende Stellung zu: Das Lukasevangelium schildert den Weg Jesu nach Jerusalem (vgl. Lk 13,33), wo sich alles der Schrift gemäß vollenden muß (Lk 19,28 – 24,53; vgl. 24,37). Die Apostelgeschichte berichtet, wie von Jerusalem aus das Wort Gottes »an die Grenzen der Erde« geht (vgl. Apg 1,8).

6. Quellen

Lukas ist den Anfängen der Kirche gewissenhaft nachgegangen. Was er schreibt, ist das Ergebnis seiner Nachforschungen, verbunden vom Glaubensbekenntnis und von der Situation der Kirche zu seiner Zeit und durchdrungen von seinem Geschichtsverständnis, seiner Theologie und seinem schriftstellerischen Stil. Die neutestamentliche Wissenschaft hat sehr viel Mühe und Scharfsinn aufgewandt, um die Frage nach den Vorlagen und Quellen der Apostelgeschichte zu beantworten. Eindeutige Ergebnisse konnten nicht festgestellt werden.

Die Vorlagen fehlen. Was dem Evangelisten vorgegeben war, ist durchgehend von seiner Handschrift bestimmt. Dennoch können viele vorgegebene Formeln, Glaubenssätze, Schriftzitate und Schriftbeweise, einzelne Geschichten, Situationen, Reisenotizen und Anleihen aus literarischen Vorgegebenheiten erschlossen werden. Lukas ist immer der Tradition verpflichtet, selbst dann, wenn er aus Vorgegebenem neue Szenen und Texte entstehen läßt.

7. Gliederung

Durch Apg 1,8 ist allgemein der Aufbau und die Gliederung des Werkes angegeben. Doch bestimmen nicht so sehr geographische Merkmale den Aufbau. Lukas hat vorgegebene Traditionen, Geschichten und selbstgeschaffene Texteinheiten kunstvoll zu einer Geschichte verdichtet, verwoben und aufeinander bezogen, so daß eine eindeutige Gliederung nur schwer ausgemacht werden kann. Die diesem Kommentar zugrunde liegende Gliederung folgt der Einheitsübersetzung:

Das Vorwort: 1,1–3
Die Kirche in Jerusalem: 1,4 – 8,3
Die Kirche in Judäa und Samaria: 8,4 – 12,23
Die Kirche unter den Völkern: 13,1 – 28,31
Die erste Missionsreise des Paulus: 13,4 – 14,28
Das Apostelkonzil in Jerusalem: 15,1–35
Die zweite Missionsreise des Paulus: 15,36 – 18,22
Die dritte Missionsreise des Paulus: 18,23 – 21,17
Verhaftung und Gefangenschaft des Paulus: 21,18 – 28,31

8. Geschichte und Verkündigung

Lukas wird gerne als der Historiker unter den Evangelisten bezeichnet, weil er wie kein anderer das Christusgeschehen und die Kirche in den Rahmen der Weltgeschichte einordnet. Mit einem modernen Historiker allerdings hat er nicht viel gemeinsam. Denn es geht ihm nicht um die Frage, wie es eigentlich gewesen ist, sondern ihm kommt es vor allem darauf an, die Ereignisse in ihrem theologischen Gesamtzusammenhang und in ihrer Bedeutung für den Glauben herauszustellen. Lukas ist in erster Linie Theologe, und er versteht seine Darstellung als Verkündigung in Form geschichtlicher Darstellung.

Das lukanische Doppelwerk läßt eine eigenständige Theologie der Heilsgeschichte erkennen. Die Heilsgeschichte gliedert sich in zwei große Epochen: Die erste wird von der Geschichte Israels ausgefüllt, die zweite durch die Verkündigung der Gottesherrschaft bestimmt: »Das Gesetz und die Propheten gehen bis Johannes; von da an wird die Gottesherrschaft verkündet« (Lk 16,16). Die beiden Epochen sind eng aufeinander bezogen: Die zweite bringt die erste zur Erfüllung und setzt sie in wirklicher Kontinuität fort. Das läßt das Lukasevangelium deutlich erkennen: Der Anfang der Geschichte Jesu wird nicht wie bei Markus durch das Auftreten des Johannes bestimmt, sondern innerhalb der Kapitel 1 und 2 durch die Ankündigung der Geburt des Täufers (Lk 1,5.25) und daran anschließend durch die Ankündigung der Geburt Jesu (Lk 1,26–38). Die Geschichte über die Geburt des Täufers (Lk 1,57–80) ist mit der Geschichte über die Geburt Jesu (Lk 2,1–20) eng verwoben. Da nach Lukas »Gesetz und Propheten« in Johannes ihr Ziel haben (Lk 16,16), zeigt die Verbindung Jesu mit dem Täufer die Verbindung zwischen dem Alten und dem Neuen Bund an.

Das findet auch darin seinen Ausdruck, daß in dem Bericht über das öffentliche Wirken Jesu ab Lk 9,51 immer wieder auf den Weg Jesu nach Jerusalem hingewiesen wird: In Jerusalem vollendet sich sein irdisches Leben. Hier ereignen sich sein Leiden und Sterben (Lk 22 und 23); hier wird er von den Toten auferweckt und erscheint den Seinen (Lk 24,1–43); hier verheißt er die Sendung des Heiligen Geistes (Lk 24,44–49), und bei Betanien, nahe Jerusalem, wird er in den Himmel aufgenommen (Lk 24,50–53). Die Apostelgeschichte, die noch einmal von der Erscheinung des Auferstandenen und seiner Aufnahme in den Himmel berichtet (Apg 1,1–11), setzt diese Linie fort, indem sie mitteilt, wie das Wort des Herrn von Jerusalem ausgeht in die Welt (vgl. Apg 1,8).

Die Kontinuität des Christusereignisses mit seiner Verkündigung durch die dazu berufenen Zeugen wird von Lukas auf verschiedene Weise dargestellt: Einmal so, daß Jerusalem, das Ziel des irdischen Weges Jesu, zum Ausgangspunkt des Weges der Apostel zu allen Völkern wird (Lk 24,27); das Wort Gottes bzw. des Herrn (vgl. Apg 6,7; 12,24; 19,20) geht also von Jerusalem aus und nimmt seinen Weg bis zu den Grenzen der Erde (vgl. Apg 1,8); zum andern so, daß die Apostel, nach lukanischem Verständnis also diejenigen, die »in der ganzen Zeit, in der der Herr Jesus bei uns ein- und ausging, angefangen von der Taufe des Johannes bis zu dem Tag, an dem er von uns weggenommen wurde« (Apg 1,21), Augenzeugen waren (Lk 1,2) und in der Kraft des Heiligen Geistes (vgl. Apg 2) zu »Dienern des Wortes« (Lk 1,2; vgl. Apg 6,4) und damit zu »Zeugen« Jesu wurden (Lk 24,48; Apg 1,8), um so das Christusereignis zu seiner Erfüllung zu bringen (vgl. Lk 1,1).

Die *Zeit der Kirche* wird als »Zwischenzeit« verstanden, die sich von der Aufnahme Jesu in den Himmel bis zu seiner Parusie erstreckt (Apg 3,21) und über deren Dauer nicht reflektiert wird (Apg 1,7). Die Naherwartung ist geschwunden, der Blick richtet sich nicht mehr in die Zukunft, sondern wendet sich auf den Anfang als Fundament und Maß der Gegenwart. Die Zeit der Kirche wird als »Endzeit«, das heißt als die »letzte Zeit« gesehen (Apg 2,17). Was für das Ende erwartet wird, erfüllt sich durch das Kommen des Heiligen Geistes (Apg 2,17ff.; vgl. 1,7f.). Die Zeit der Kirche füllt als Christus-Zeit die zweite Epoche der Heilsgeschichte aus, deren erste von der Geschichte Israels gebildet wird. Diese Zeit wird eingeleitet durch die Herabkunft des Heiligen Geistes am Pfingsttag (Apg 2). Darum ist die Zeit der Kirche die Zeit des Heiligen Geistes. Die Zeit der Kirche nimmt die vorhergehende Heilsgeschichte auf und setzt sie in einer direkten Kontinuität fort. Das zeigt die Wahl des neuen Apostels (Apg 1,15–26): Das neue Gottesvolk muß entsprechend dem alten Gottesvolk konstituiert sein, bevor »Kirche« werden kann. Die Apostel, die für Lukas mit den Zwölf identisch sind, verbürgen die Kontinuität der Heilsgeschichte. Sie stellen die Verbindung zum alten Gottesvolk her (Apg 1 – 5; 15); sie sind Zeugen Jesu (Apg 1,8); sie sind als die Stammväter des neuen Gottesvolkes Träger des Heiligen Geistes. Darum ist die Kirche wesentlich apostolische Kirche.

ZWEITER TEIL

Kommentar

I. Das Vorwort (1,1–3)

Der Verweis auf das erste Buch des Evangelisten Lukas in den ersten Worten seines zweiten Buches hebt die grundsätzliche Bedeutung des dritten Evangeliums hervor (vgl. V. 1).

Bei allem, was in der Apostelgeschichte über Gottes Heilsgeschichte, über Jesus Christus, über die Anfänge der Kirche und über das Leben der Christen gesagt wird, ist das Lukasevangelium als Hintergrund und Grundlage, als Voraussetzung und Beweggrund wesentlich und darum immer mitzusehen und einzubeziehen. Lukas beansprucht für seinen ersten Bericht Vollständigkeit über die Taten und Worte Jesu von der Taufe an (vgl. Apg 1,22) bis zur Himmelfahrt. Sein Wort will als authentische, umfassende und maßgebende Autorität anerkannt werden. Wenn auch das Vorwort des Lukasevangeliums (Lk 1,1–4) nicht von vornherein für die Apostelgeschichte mitgemeint sein muß, so ist es doch einzubeziehen. Denn das Lukasevangelium ist zwar ohne die Apostelgeschichte zu verstehen, die Apostelgeschichte aber niemals ohne das Lukasevangelium (s. Einleitung).

Jesus Christus

Lukas benutzt viele Namen für Jesus: Sohn Gottes, Messias oder Christus, Retter oder Heiland, Sohn Davids, Prophet, Menschensohn, der Heilige, der Gerechte, der Anführer zum Leben, der Knecht Gottes. Der Name Jesus meint den geschichtlichen Mann aus Nazaret und heißt als Übersetzung von Jeschua »Gott ist großzügig« oder »Gott rettet«. Wer wissen will, wer dieser Jesus war, muß das Lukasevangelium lesen, das allerdings nicht so sehr berichten will, wie dieser Jesus gelebt hat, sondern verkündigen möchte, welche Bedeutung dieser Jesus für den Leser hat. So kann der Name Jesus eigentlich nicht ausgesprochen werden, ohne in ihm gleichzeitig den Christus zu sehen: Jesus ist der Christus! Dieses Bekenntnis ist erst seit Ostern möglich. Christus ist die griechische Übersetzung des hebräischen Wortes »Messias« und bedeutet: der Gesalbte. Dieser Titel greift tief in die Geschichte Israels zurück, erfüllt all deren Erwartungen und Hoffnungen auf Gottes Heil. Lukas hat es programmatisch in Lk 4,18 angezeigt. Jesus Christus wird als Sohn Gottes bekannt. Im alten Israel wurde der König als von Gott erwählt und durch seine Inthronisation von Gott zum Sohn proklamiert verstanden. Die Christen sehen die Hoffnung nach einem König, der mit Recht als Gottes Sohn bezeichnet werden kann, in der Auferweckung des Gekreuzigten erfüllt. Sein Königtum besteht nicht im Herrschen, sondern im Dienen. Das Bekenntnis zu Jesus Christus als dem Sohn Gottes mußte damals unweigerlich zu einer Provokation gegen die Selbstvergottung politischer Macht und einen Totalanspruch staatlicher Herrschaft verstanden werden, wenn man nur bedenkt, daß der römische Kaiserkult Augustus mit »Sohn Gottes« tituliert. Der Titel »Sohn Gottes« drückt aber vor allem das einzigartige Verhältnis zwischen dem göttlichen Vater und dem göttlichen Sohn aus. Jesus, der Mensch, wird ganz auf der Seite Gottes gesehen. Lukas hat es in Lk 1,26–38 vollendet ausgedrückt: Jesus Christus ist als Sohn Gottes von Anfang an, ganz und gar, vom Ursprung her, seinem ganzen Wesen nach, Gnadengeschenk Gottes. Wie der Gekreuzigte seine Auferweckung ganz der schöpferischen, lebenspendenden Macht göttlicher Liebe, dem Heiligen Geist, verdankt, ist auch sein Ursprung vom Geist Gottes gesetzt, nicht am Menschen vorbei, sondern durch die Erwählung Mariens. Die Aussagen über die Menschwerdung Jesu sind im Osterglauben begründet und können nur geglaubt werden. Lukas benutzt gern den Titel »Herr«. »Herr« ist in der griechischen Übersetzung der hebräischen Bibel der geheiligte und Jahwe vorbehaltene Name. Größeres und Bedeutsameres konnten die ersten Christen über Jesus Christus kaum bekennen. Gerade dieses Bekenntnis wurde für viele Christen zum Prüfstein ihrer Christustreue, denn dem Bekenntnis zu Jesus Christus als dem Herrn stand unversöhnlich das Bekenntnis zum römischen Kaiser als Herrn gegenüber. Jesus Christus wird als der eigentliche Herr der Geschichte geglaubt und bekannt. Er ist es als Retter und Heiland, als Anführer zum Leben durch seine grenzenlose Liebe zu den erlösungsbedürftigen Menschen, zu den Armen und Kranken. Im Kreuz vollendet sich sein heilbringender Weg, in der Auferweckung erschließt sich seine einzigartige Bedeutung für das Glück des Menschen und die Zukunft der Welt. Jesus Christus ist schon jetzt als der Menschensohn im Himmel erhöht, und er wird am Ende der Tage in seiner Herrlichkeit offenbar werden. Er will heute und am Ende des Lebens oder der Welt seine Herrschaft und Herrlichkeit allein für das Heil und die Vollendung. Alle Aussagen über die Bedeutung Jesu Christi müssen als Sprechen über Gott begriffen werden. Von Gott hat sich Jesus Christus gebrauchen und verbrauchen lassen, von Gott ist sein Weg bestimmt, von Gott ist er auferweckt worden, von Gott ist er eingesetzt und bestimmt worden, daß auf Erden Friede werde, Heil und Vollendung für immer.

Die Verse 2 und 3 fassen zusammen, was dem Leser des Lukasevangeliums aus Lk 24 bekannt ist. Die apostolische Zeit wird an den Auferstandenen gebunden, der seine Anweisungen durch den Heiligen Geist gibt. Der Heilige Geist wird das Wirken der Kirche bestimmen und leiten. Mit der Zahl »vierzig« kennzeichnet Lukas die Zeit zwischen Auferstehung und Himmelfahrt als heilige Zeit. Sie ist nicht nur mit den alttestamentlichen Geschichten von der Sintflut, vom Wüstenzug, vom Aufenthalt des Mose auf dem Berg, mit den Kundschaftern und dem Weg des Elija zum Gottesberg, sondern vor allem mit der Versuchung Jesu verbunden (Lk 4,1–13), in der ein falsches Verständnis der Sendung Jesu abgewiesen und der Gehorsam Jesu vor Gott herausgestellt wird. Die Apostel werden befähigt, dasselbe zu verkünden wie der irdische Jesus: das Reich Gottes.

Reich Gottes

Außer in Apg 8,12; 14,22; 19,8; 20,25; 28,23 ist am Anfang und am Ende der Apostelgeschichte in 1,3 und 28,31 betont vom Reich Gottes die Rede. Man kann das griechische Wort auch mit Königsein, Königtum, Königsmacht, Königsherrschaft, Königreich übersetzen. Das sind Wörter, die heute das Gemeinte eher verdunkeln als erhellen. Auch »Reich« ist im deutschen Sprachgefühl ungeeignet oder ungebräuchlich. »Reich Gottes« meint nicht ein von Gott beherrschtes Gebiet, denn Gottes Herrschaft umfaßt die ganze Welt, möchte sie zu einem Bereich der Gerechtigkeit und des Friedens machen, will niemals den Menschen unterdrücken und dessen Freiheit beschneiden, sondern will dessen Glück und Heil. Dabei hat sich der Mensch darauf einzustellen, daß er ganz auf Gott bezogen und völlig von Gott abhängig ist. Die Evangelien lassen mit Sicherheit erkennen: Die Mitte der Botschaft Jesu ist das Reich Gottes, das ewige, allumfassende Heil für die gesamte Schöpfung. Dieses Reich hat er nicht nur gepredigt. Er hat es mit letzter Konsequenz gelebt. Dieses Reich war der Antrieb seiner Wunder, es bestimmte seinen Umgang mit den Menschen. Dafür ist er in den Tod gegangen. Gott selbst wollte sich in diesem Leben offenbaren, nicht als Gott eines zornigen Gerichtes und der Vergeltung, sondern als ein Gott, der die ausweglose Unheilssituation und die totale Erlösungsbedürftigkeit der Menschen zum Guten wenden will. Lukas greift mit der Vorstellung vom Reich Gottes auf das

Alte Testament zurück. Die Sehnsucht nach der Anerkennung Gottes, nach umfassender Gerechtigkeit und Frieden kommt in Jesus Christus zur Erfüllung. Bleibt das Reich Gottes auch grundsätzlich eine zukünftige, endzeitliche Größe, so wird es doch durch Jesus Christus nahe, zur wirksamen Gegenwart. Die Kirche ist nicht das Reich Gottes, aber sie ist Repräsentantin und Sachwalterin der Gottesherrschaft. Sie erfleht das Kommen der Gottesherrschaft und ist dennoch überzeugt, daß die Gottesherrschaft ein gegenwärtiges Geschehen ist. Unter der Leitung des Heiligen Geistes kann sie ein Ort der Barmherzigkeit sein, um Not, Hunger und Unfrieden überwinden zu helfen und Gottes Herrschaft den Weg zu bereiten.

„Wir Christen hoffen auf den neuen Menschen, den neuen Himmel und die neue Erde in der Vollendung des Reiches Gottes. Wir können von diesem Reich Gottes nur in Bildern und Gleichnissen sprechen, so wie sie im Alten und Neuen Testament unserer Hoffnung, vor allem von Jesus selbst, erzählt und bezeugt sind. Diese Bilder und Gleichnisse vom großen Frieden der Menschen und der Natur im Angesichte Gottes, von der einen Mahlgemeinschaft der Liebe, von der Heimat und vom Vater, vom Reich der Freiheit, der Versöhnung und der Gerechtigkeit, von den abgewischten Tränen und vom Lachen der Kinder Gottes – sie alle sind genau und unersetzbar. Wir können sie nicht einfach ›übersetzen‹, wir können sie eigentlich nur schützen, ihnen treu bleiben und ihrer Auflösung in die geheimnisleere Sprache unserer Begriffe und Argumentationen widerstehen, die wohl zu unseren Bedürfnissen und von unseren Plänen, nicht aber zu unserer Sehnsucht und von unseren Hoffnungen spricht« (Würzburger Synode: Unsere Hoffnung).

II. Die Kirche in Jerusalem (1,4 – 8,3)

Letzte Anweisungen und Belehrungen des Auferstandenen (1,4–8)

Die Verse 4–8 wurden von Lukas gebildet: Vers 4 und 5 zur Überleitung in Anknüpfung an Lk 24,36–49 und unter Verwendung eines Täuferwortes aus Mk 1,8; Vers 6 als Fragesignal zur Einleitung einer wichtigen theologischen Aussage, die in Vers 7 auf Mk 13,32 und in Vers 8 auf Lk 24,46–49 zurückgreift. Wie so oft in seinem Evangelium und in beispielhafter Vollendung in Lk 22,1–38 und Lk 24,13–35 bindet Lukas die letzten Anweisungen des Auferstandenen an eine Mahlszene (vgl. besonders Apg 10,41). Wie im Leben Jesu die Mahlgemeinschaft in sinnfälliger Weise Gottes Heil als Überwindung von Beziehungslosigkeit, Sinnlosigkeit, Krankheit und Erlösungsbedürftigkeit zum Tragen kommt (Lk 5,27–32), so schenkt die nachösterliche Mahlgemeinschaft die Erfahrung des Auferstandenen und die Erschließung des Weges als Zeugen seiner Auferstehung.

Der Auftrag, in Jerusalem zu bleiben, hängt mit der theologischen Bedeutung dieser Stadt als Ziel und Ausgang des Christusgeschehens und dessen Verkündigung zusammen.

Jerusalem

Im lukanischen Doppelwerk kommt Jerusalem eine bedeutende Stellung zu: Das Evangelium schildert den Weg Jesu ab Lk 9,15 als Weg nach Jerusalem. Ähnlich nimmt in der Apostelgeschichte der Weg des Paulus über Jerusalem nach Rom einen breiten Raum ein (Apg 20,1 – 28,13). In Jerusalem kommt der Weg Jesu zum Ziel. Dort muß sich alles der Schrift entsprechend vollenden (Lk 19,28 – 24,53; vgl. 24,37). Die Apostelgeschichte erzählt, wie von Jerusalem aus das Wort Gottes bis »an die Grenzen der Erde« geht (vgl. Apg 1,8).

Jerusalem war durch den Tempel die Heilige Stadt Gottes, der Mittelpunkt der jüdischen Gottesverehrung. Dorthin ging der Blick beim Gebet, richteten sich die Synagogen aus, machten sich die Gläubigen auf den Weg. Dort erfährt der

Gläubige Geborgenheit, Gottes Nähe, Gerechtigkeit, Vergebung, Frieden und Segen (vgl. Ps 46; 48; 76; 84; 87; 118; 122).

Zur Zeit Jesu lebte die Stadt ausschließlich von der Bedeutung des Tempels. Hunderttausende von Pilgern versammelten sich zu den großen Festen in Jerusalem. Herodes hatte zum Tempelumbau 20/19 v. Chr. 11 000 Bauarbeiter angestellt, gegen Ende des Tempelbaues 62/64 n. Chr. sollen es sogar 18 000 Arbeiter gewesen sein. Die Stadt war ganz der Tempelaristokratie verpflichtet, war Sitz der jüdischen Selbstverwaltungsorgane und Zentrum bedeutender Schulen der Schriftgelehrsamkeit. Die Sehnsucht, Volk Gottes allein unter Gottes Herrschaft sein zu dürfen, die Leidenschaft für die unverfälschte Geltung der jüdischen Gesetze, die Unerträglichkeit des römischen Imperialismus, natürliche Katastrophen, Übervölkerung, Besitzkonzentration, Verarmung und religiöse wie gesellschaftliche Entwurzelung, widersprüchliche Rechts- und Lebensvorstellungen bei Juden und Besatzern führten schließlich zum Aufstand (66 n. Chr.), zur schrecklichen Niederlage und zur Zerstörung des Tempels im Jahre 70 n. Chr. Doch die herausragende Bedeutung der Heiligen Stadt lebt in den Herzen der Juden und Christen fort.

Die Verheißung des Vaters (Lk 24,49a) bzw. das Erfülltwerden mit der Kraft aus der Höhe (Lk 24,49b) wird als Geist-Taufe (Lk 3,16; Apg 11,16) in wenigen Tagen angesagt. So wie mit der Wassertaufe die Zeit Jesu beginnt, so beginnt mit der Geist-Taufe die Zeit der Kirche.

Heiliger Geist

Unter den Evangelisten spricht Lukas am häufigsten vom Geist Gottes. Der Heilige Geist gilt nach Lk 1,35 als der Existenzgrund Jesu. An der Taufe ist die Berufung Jesu festgemacht: Jesus wird als Sohn Gottes grundsätzlich vom Heiligen Geist getragen und bestimmt (Lk 3,22). Voll Geist begibt er sich in die Wüste, wird dort im Geist umhergetrieben (Lk 4,1) und kehrt, erfüllt von der Kraft des Geistes, nach Galiläa zurück (Lk 4,14). Programmatisch begründet Lukas die Sendung Jesu in dessen Geistsalbung (Lk 4,18). Die Jesuszeit erscheint als eine Epoche, die einzigartig und grundlegend vom Geist Gottes bestimmt wird. Der Heilige Geist ist für die Jünger umfassendes Geschenk Gottes (Lk 11,13), die verheißene Kraft aus der Höhe (Lk 24,49), die entscheidende Dynamik der Christuszeugen (Apg 1,8), die der Kirche vorweg geschenkte Gabe der letzten Tage (Apg 2,17). Der Geist befähigt zum zuverlässigen Christuszeugnis, ermöglicht prophetisches Reden, führt die Verkündiger, eröffnet ungeahnte Wege, gibt neue Impulse, bestimmt den Gang der Heilsgeschichte, bewirkt wichtige Entscheidungen, setzt Gemeinde und Älteste ein, schenkt das mutige Wort in Verteidigungs- und Verfolgungssituationen. Die Kirche empfängt durch ihren Herrn den göttlichen Geist, um die Sache Jesu fortzuführen und voranzutreiben. Der Heilige Geist ist die göttliche Macht und Wirklichkeit, durch die der auferstandene Herr in der Geschichte heilschaffend, erlösend und befreiend anwesend bleibt und die Welt zu glücklicher Vollendung treibt. Wenn sich die Kirche dem Heiligen Geist nicht verschließt, dann wird der Glaube zum faszinierenden Aufbruch und Abenteuer mit viel Spontaneität, Kreativität, kühner Zuversicht, unbeirrbarem Vertrauen, persönlicher Verantwortung und herzlicher Liebe, tiefer Gemeinschaftserfahrung, alles zum Heil der Menschen gegen Krankheit, Armut, Ungerechtigkeit und Unfrieden. Christus will durch den Heiligen Geist in den Herzen der Menschen weiterleben und das Angesicht der Erde erlösen und verwandeln.

Das Wissen um den Termin einer Wiederherstellung des Reiches für Israel wird in Vers 8 jedem menschlichen Ansinnen entrissen, die Frage ist für alle Zeiten erledigt. Das Interesse hat nicht dem Termin der Wiederaufrichtung zu gelten, sondern der Verheißung und Zusage der Kraft des Heiligen Geistes für den Zeugnisdienst.

Das Zeugnis wird nicht aufzuhalten sein. Weil es der Herr verheißen hat, wird es die ganze Welt erreichen. Die geographischen Angaben in Vers 8 geben die Gliederung der Apostelgeschichte wieder: Wie das Leben Jesu in Jerusalem seine Erfüllung findet, so beginnt nun das Zeugnis von Jerusalem (1,4 – 8,3) über Judäa und Samarien (8,4 – 12,23) zu allen Völkern (13,1 – 28,31) zu gelangen. Die Apg endet mit dem Zeugnis des gefangenen Paulus in Rom (Apg 28,1–31), nicht aber das Zeugnis »bis an das Ende der Erde« (Jes 49,6; vgl. Apg 13,47).

Vers 6 redet den Auferstandenen mit Kyrie (= Herr) an, wie im Lukasevangelium schon sehr oft (Lk 5,8.12; 6,46 u.ö.). Was durch Ostern zur Selbstverständlichkeit wurde, kann literarisch an den Anfang zurückverlegt werden: »Er ist Christus, der Herr« (Lk 2,11). Durch die Übertragung des biblischen Gottes-Titels »Herr« auf Jesus erreicht die Urkirche eine Identifikation von Gott und Jesus, die kaum noch gesteigert werden kann. Zugleich werden die Herren dieser Welt entmachtet.

Ende und Zukunft der Welt

Die ersten Christen lebten durch die Ostererfahrung in dem Glauben, daß das Ende der Welt angebrochen ist und das Kommen des Menschensohnes und der Gottesherrschaft unmittelbar bevorsteht. Wahrscheinlich hat auch Jesus selbst mit einem baldigen Kommen der Gottesherrschaft gerechnet, ohne die Frage nach dem Termin zum Thema seiner Verkündigung zu machen. Die Zeit des Lukas war von der schmerzlichen Erfahrung beeindruckt, daß die Wiederkunft des Herrn auf sich warten läßt und die Kirche schon auf eine längere Zeit zurückschauen kann, in der Gegenwart sich zu bewähren und auf eine längere Zeit einzustellen hat. Zwar bleibt der Glaube an die Wiederkunft des Erhöhten fest und unerschütterlich, jegliche Terminierung aber wird abgelehnt. Im Vordergrund steht die schon vorweggeschenkte Geisteserfahrung und der grenzenlose Auftrag einer weltweiten Mission. Für den Christen bricht das Ende und die neue Zukunft mit dem Tod an. Bei all dem bleibt der Glaube, daß Jesus Christus der

Richter der Lebenden und der Toten ist und es zur Auferstehung des Fleisches und zum ewigen Leben kommt. Vor dem Richter Jesus Christus muß keiner Angst haben. Derjenige, der richten wird, ist kein anderer als der, der sein ganzes Leben dafür einsetzte, um in Erlösungsbedürftigkeit, Armut, Krankheit, Ungerechtigkeit und Unfrieden neues und heiles Leben zu eröffnen. Die Liebe zu den Sündern und Armen wird der erhöhte Herr auch als Richter beibehalten, damit am Ende des Lebens und am Ende der Zeiten nichts anderes siegt als die allmächtige Liebe und Barmherzigkeit Gottes. Darum ist dem Gläubigen auch die Hoffnung erlaubt, daß alles Leben und damit ein jeder Mensch der Barmherzigkeit Gottes in Jesus Christus teilhaftig werden wird, daß einmal ein jeder und alles ausgelitten haben und in Gottes unendlicher Liebe wunderbar und ewig geborgen sein wird. Diese Hoffnung ist kein Freibrief. Die Rede vom Gericht nimmt in eine letzte Verantwortung, aus der Betroffenheit von Gottes Liebe heute schon gut sein zu wollen nach den Maßstäben Jesu. Die Liebe Gottes, seine Barmherzigkeit und das ewige Leben sind und bleiben unverdienbares Geschenk, dem der Mensch zu seinem eigenen Glück dankbar entsprechen darf.

Die Himmelfahrt Jesu (1,9–11)

Über die Himmelfahrt Jesu berichten schon die letzten vier Verse des Lukasevangeliums. Im Unterschied zur Apostelgeschichte wird dort das Geschehen auf den Ostertag und in die Nähe von Betanien gelegt. In Lk 24,50–53 geht es in Anlehnung an Sir 50,20–22 um Segen, Anbetung und Gotteslob. Apg 1,9–11 hebt vor allem die Augenzeugenschaft der Apostel und die damit gegebene Gewißheit der Wiederkunft Jesu hervor.

Fünfmal wird in dem kleinen Abschnitt auf das Schauen und Sehen der Apostel hingewiesen. In erzählerischer Form sichert Lukas so die schon in Lk 1,2 betonte Augenzeugenschaft der Apostel und damit die Zuverlässigkeit der apostolischen Überlieferung. Wie in Lk 9,34 f. dient eine Wolke als Sinnbild der göttlichen

Wirklichkeit. Dahinter steht hier Dan 7,13–14. Der sich den Blicken verhüllende, in das Leben Gottes erhöhte Jesus ist der wiederkommende Menschensohn (Lk 21,25–28), dem alle Macht gegeben wird und dem alle Völker dienen müssen. »Seine Herrschaft ist eine ewige, unvergängliche Herrschaft. Sein Reich geht niemals unter« (Dan 7,14).

Wie am Grab (Lk 24,5) läßt Lukas engelgleiche Männer auch hier fragen. An beiden Stellen korrigiert die Frage ein falsches Verständnis. Statt dazustehen und zum Himmel zu schauen, gilt es, sich auf den Weg zu machen, damit sich erfüllen kann, was Apg 1,8 aussagt. Dabei ist niemals zu vergessen, daß der Herr der Kirche am Ende der Zeit wiederkommen wird, genauso sicher und sichtbar, wie es durch die apostolische Augenzeugenschaft zuverlässig verbürgt ist.

Himmelfahrt

Hinter der nur vom Evangelisten Lukas erzählten Himmelfahrt Jesu (Lk 24,51; Apg 1,9) steht die Ostererfahrung der ersten Christen, daß Jesus, der Gekreuzigte, lebt. Das ist das Herzstück des christlichen Glaubens: Gott hat Jesus auferweckt (Apg 2,32). Die Nähe des Auferstandenen wurde so stark erfahren, daß die Christen auch sagen konnten: »Er wurde eingesetzt als Sohn Gottes in Macht« (Röm 1,4). »Der Gott unserer Väter hat Jesus auferweckt ... Ihn hat Gott als Herrscher und Retter an seine rechte Seite erhoben« (Apg 5,30.31). Immer wieder wurde über diese alles entscheidende Heilstat Gottes nachgedacht, meditiert, verkündigt. Lukas bildet aus dem Osterglauben über die Aufnahme in Gottes machtvolles, ewiges Leben seine Himmelfahrtsaussagen und bedient sich dabei uralter Vorstellungen und Bilder von Himmelsentrückungen und Himmelsreisen.

Bei *Livius* (59 v. Chr. – 17. n. Chr.) ist zu lesen:

> Als Romulus, »um das Heer zu mustern, auf dem Feld beim Ziegensumpf eine Volksversammlung abhielt, entstand plötzlich ein Unwetter mit furchtbarem Getöse und Donnerschlägen. Es bedeckte den König mit einer so dichten Wolke, daß es seine

Gestalt den Blicken der Volksversammlung entzog. Danach war Romulus nicht mehr auf Erden ... Das römische Volk verharrte lange in traurigem Schweigen ... denn leer sah es den Thron des Königs – wenn es auch den Senatoren, die in nächster Nähe gestanden hatten, glaubte, daß Romulus durch einen Sturmwind in den Himmel entrückt worden sei. Darauf machten einige den Anfang, und schließlich huldigten alle Romulus als einem Gott, von Gott bezeugt, als König und als Vater der Stadt Rom« (Römische Geschichte I 16; zitiert nach *G. Lohfink*, Die Himmelfahrt Jesu – Erfindung oder Erfahrung, Stuttgart [2]1980, S. 9).

Am meisten dürfte die Geschichte über die Entrückung des Elija in 2 Kön 2 (und Sir 48) die lukanische Darstellung beeinflußt haben. Lukas variiert in Form geschichtlicher Darstellung die Ostererfahrung:

»An dem Tag, da der Herr Elija im Wirbelsturm in den Himmel aufnehmen wollte, ging Elija mit Elischa von Gilgal weg. Fünfzig Prophetenjünger folgten ihnen und blieben dann seitwärts in einiger Entfernung stehen. Die beiden traten an den Jordan. Hier nahm Elija seinen Mantel, rollte ihn zusammen und schlug mit ihm auf das Wasser. Dieses teilte sich nach beiden Seiten, und sie schritten trockenen Fußes hindurch. Als sie drüben angekommen waren, sagte Elija zu Elischa: Sprich eine Bitte aus, die ich dir erfüllen soll, bevor ich von dir weggenommen werde. Elischa antwortete: Möchten mir doch zwei Anteile deines Geistes zufallen. Elija entgegnete: Du hast etwas Schweres erbeten. Wenn du siehst, wie ich von dir weggenommen werde, wird es dir zuteil werden. Sonst aber wird es nicht geschehen. Während sie miteinander gingen und redeten, erschien ein feuriger Wagen mit feurigen Pferden und trennte beide voneinander. Elija fuhr im Wirbelsturm zum Himmel empor« (2 Kön 2,1.7–11).

Betende Gemeinde (1,12–14)

Die Verse 12–14 bilden eine verallgemeinernde Überleitung zur Wahl des Matthias und zur Pfingsterzählung. Die Himmelfahrt wird nachträglich indirekt auf den Berg, der wörtlich »Ölgarten« heißt, lokalisiert. »Berg« ist für Lukas Ort der Nähe und Offenbarung Gottes (vgl. Lk 6,12; 9,28 und zu dieser Stelle besonders Lk 21,37; 22,39). »Ein Sabbatweg« (880 m) bindet den Ölberg an

Jerusalem, den theologisch einzig relevanten Ort der ganzen Erzähleinheit. Der »ständige« Aufenthaltsort »Obergemach« kann mit dem »Abendmahlsaal« in Verbindung gebracht werden (vgl. Lk 22,11–12). Obergemache dienten als Versammlungsräume und Gebetsstätten. Die hier gemachte Ortsangabe nach der Himmelfahrt stößt sich nicht mit Lk 24,53, wenn der Schluß des Evangeliums mit Apg 2,46 zusammen gesehen wird. In Vers 12 werden summarisch Ort und Zeit für das folgende angegeben.

Die Apostelliste stimmt mit kleinen Abweichungen in der Reihenfolge mit Lk 6,14–16 überein. Simon wird mit seinem Amtsnamen genannt, Johannes rückt von der vierten auf die zweite Stelle, weil dieser in der Tradition der Kapitel 3 – 5 mit Petrus zusammen auftritt. Durch die Aufnahme einer traditionellen Apostelliste zu Beginn seines zweiten Werkes wird deren Bedeutung für ein zuverlässiges Christuszeugnis herausgehoben.

Vers 14 spricht von der Ausdauer und von der Eintracht im Gebet.

Gebet
Lukas weist wie kein anderer Evangelist auf die Notwendigkeit des Gebetes hin, damit der Christ bei der Erfahrung der Großtaten Gottes dankbar Gott lobt und in den Schwierigkeiten der Zeit mit Gott verbunden bleibt. Zum kostbaren Gebetsschatz der Kirche gehören das Lob Mariens (Lk 1,46–55), das Lob des Zacharias (Lk 1,68–79), der kurze, alles umfassende Lobpreis der Engel (Lk 2,14) und das Gebet des Simeon (Lk 2,29–32). Vor allem Jesus, aber auch die Verantwortlichen der ersten Stunde werden zum Beispiel, wie die wichtigen Lebensabschnitte aus der Kraft des Gebetes ermöglicht werden. Jesus betet vor dem Empfang des Heiligen Geistes nach der Johannestaufe (Lk 3,21), vor der Wahl der zwölf Apostel (Lk 6,12), vor dem Petrusbekenntnis in Cäsarea Philippi (Lk 9,18), vor der Verklärung (Lk 9,28), beim Paschamahl (Lk 22,17.19), in der Todesangst am Ölberg (Lk 22,41) und beim Sterben am Kreuz (Lk 23,46). In der Feldrede fordert er zum Gebet für die Feinde auf (Lk 6,28), vor der

Aussendung der weiteren siebzig Jünger zum Bittgebet um Arbeiter (Lk 10,2). Lukas macht das »Vaterunser« zum Maßstab christlichen Betens (Lk 11,1–4). Das Gleichnis vom bittenden Freund (Lk 11,5–8) ermutigt zum ständigen, unnachgiebigen Gebet. Dem unermüdlichen, vertrauensvollen Gebet wird eröffnet, was in jeder Situation einzig notwendig ist: die Gabe des Heiligen Geistes, der mit Gott und untereinander verbindet, Geborgenheit in Gottes Liebe schenkt und in jeglicher Not bestehen läßt (Lk 11,13). Zum allzeitigen Gebet fordert das Gleichnis vom gottlosen Richter und der Witwe auf (Lk 18,1–8). Im Gleichnis vom Pharisäer und Zöllner im Tempel (Lk 18,9–14) geht es ursprünglich um Gott, der – ganz anders ist als manch Frommer meint – vor aller Leistung und trotz aller Schuld die göttliche Annahme schenkt. Für Lukas wird das Gleichnis zum Beispiel demütigen Betens. Die Rede über die Endzeit und all ihre Schrecken gipfelt in dem Gebetsruf: »Wachet und betet allezeit« (Lk 21,36).

In der Apostelgeschichte beten die Anhänger Jesu nach dem Abschied des Auferstandenen (Apg 1,14). Durch Gebet wird die Nachwahl eines Apostels eingeleitet (Apg 1,24). Pfingsten führt zum Lob der Großtaten Gottes (Apg 2,11). Unter Gebet legen die Apostel den Diakonen die Hände auf, um selbst für das Wort Gottes frei zu sein (Apg 6,4.6). Der sterbende Stephanus betet wie Jesus für seine Feinde (Apg 7,60). Die Urgemeinde dankt betend für die Freilassung des Petrus und Johannes (Apg 4,23–31). In Samarien wird für die Neubekehrten um den Empfang des Heiligen Geistes gebetet (Apg 8,15). Paulus betet nach seiner Bekehrung in Damaskus (Apg 9,11), Petrus vor der Erweckung der Tabita (Apg 9,40). Kornelius gilt als Mann des Gebetes (Apg 10,2.4.30.31), seine Abgesandten finden Petrus beim Gebet (Apg 10,9; 11,5). Petrus findet nach seiner Befreiung die Hausgemeinde betend vor (Apg 12,5.12). Die Mission des Paulus und Barnabas erschließt sich unter Fasten und Beten (Apg 13,3). Ebenso werden unter Gebet, Fasten und Handauflegung Älteste eingesetzt (Apg 14,23). Betend nimmt Paulus von den Seinen Abschied in Milet (Apg 20,36) und Tyrus (Apg 21,5). Im

Gebet hat Paulus eine Vision (Apg 22,17). Unter Gebet heilt er auf Malta (Apg 28,8).
Der Weg des Christen ist immer ein Weg des Gebetes.

Der Apostelkreis wird dreifach erweitert. Mit den Frauen ist auf den Personenkreis von Lk 8,1–3 verwiesen (vgl. Lk 23,49.55 f.; 24,10.22–24.33).

Lukas und die Frauen
Lukas läßt der Frau in der Heilsgeschichte die Bedeutung zukommen, die ihr von Gott zusteht. Tatsächlich überliefert uns Lukas die meisten »Frauengeschichten«. Aus dem Markusevangelium übernimmt er die Heilungsgeschichte der Schwiegermutter des Petrus (Lk 4,38–39), die der blutflüssigen Frau und die Auferweckungsgeschichte der Jairus-Tochter (Lk 8,40–56), das Wort vom skandalösen Verhalten gegen Witwen (Lk 20,47) und die Geschichte vom vorbildlichen Opfer einer Witwe (Lk 21,1–4). Darüber hinaus berichtet Lukas eigenständig von der Auferweckung des einzigen Sohnes einer Witwe (Lk 7,11–17), von Jesus und der Sünderin (Lk 7,36–50), von den dienenden Frauen (Lk 8,1–3), von Maria und Marta (Lk 10,38–42), von der Heilung einer verkrüppelten Frau (Lk 13,10–17), das Gleichnis von der verlorenen Drachme (Lk 15,8–10) und vom Richter und der Witwe (Lk 18,1–8).

In der Apostelgeschichte setzt sich diese Linie fort. Frauen gehören zum Ursprung der Kirche und werden deswegen in Apg 1,14 nicht einfach übergangen, sondern ausdrücklich genannt. Frauen sind in Philippi die ersten Adressaten der Mission (Apg 16,13). Die Purpurhändlerin Lydia stellt ihr Haus zur Verfügung (Apg 16,14.15). Petrus ruft in Joppe die Jüngerin Tabita ins Leben zurück (Apg 9,36–42). Paulus befreit eine Magd in Philippi (Apg 16,16–19). In Thessalonich schließen sich den Missionaren »nicht wenige Frauen aus vornehmen Kreisen« an (Apg 17,4).

Aufschlußreich ist besonders Lk 8,1–3. Wir machen uns keine Vorstellung, wie anstößig es damals war, als Wanderprediger Frauen in der Gefolgschaft zu haben. Jesus setzt sich nach der lukanischen Notiz über die Gewohnheiten und Vorurteile seiner Zeit hinweg. Für ihn scheint es selbstverständlich, daß sich Jesus auch Frauen anschließen. Denn wer von Jesus geheilt, befreit und erlöst worden ist, gehört vollwertig und gleichberechtigt zu seiner Gemeinschaft, und die sonstigen Unterschiede zählen nicht mehr.

So wie zu Beginn des Evangeliums wird auch zu Beginn der Apostelgeschichte Maria namentlich genannt. Außer in den ersten beiden Kapiteln des Lukasevangeliums wird die Mutter Jesu noch in Lk 8,19–21 (vgl. auch Lk 11,27–28) genannt.

Lukas – der erste Marienverehrer

Mehr als in allen anderen Schriften des Neuen Testaments begegnet uns Maria im lukanischen Doppelwerk. In der Kindheitsgeschichte (Lk 1 und 2) wird prinzipiell und grundsätzlich nicht nur verkündigt, wer Jesus für uns ist, sondern ebenso auch, wie wir Maria sehen dürfen. Durch den Heiligen Geist wird sie zur Mutter Jesu (Lk 1,35). Vorbildlich ist ihre Zustimmung zu Gottes Botschaft (Lk 1,38). Kraft ihrer Berufung darf sie seliggepriesen werden (Lk 1,45.48). Vorbildlich ist Marias Glauben (Lk 1,45), ihre Hörbereitschaft (Lk 2,19.51 b) und ihr Mit-Leiden (Lk 2,35 b). Darum ist es auch kein Widerspruch, wenn Lukas Jesus sagen läßt: »Meine Mutter und meine Brüder sind die, die das Wort Gottes hören und danach handeln« (Lk 8,21). Denn gerade darin ist Maria vorbildlich. Nichts anderes soll in Lk 11,27–28 gesagt werden. Schließlich finden wir Maria im Kreis der österlichen und betenden Gemeinde (Apg 1,12–14). Maria gehört von Anfang an zur Kirche. An ihr darf der Christ ablesen, wozu er selbst berufen ist.

Als drittes werden die Brüder Jesu genannt, wie schon in Lk 8,19. Nach Mk 6,3 sind es Jakobus, Joses, Judas und Simon. Unter ihnen kommt vor allem dem Herrenbruder Jakobus eine besondere Stellung zu. Er wird in Apg 12,17; 15,13 und 21,18 genannt (vgl. 1 Kor 15,7).

Brüder Jesu

Von den Brüdern Jesu spricht außer Apg 1,14 auch Lk 8,19. Der in Apg 12,17; 15,13; 21,18 genannte Jakobus wird von Paulus in Gal 1,19 als Bruder des Herrn bezeichnet. Nicht aus dem Markusevangelium übernimmt Lukas: »Ist das nicht der Zimmermann, der Sohn Marias und der Bruder von Jakobus, Joses, Judas und Simon? Leben nicht seine Schwestern hier unter uns?« (Mk 6,3). Die Formulierung läßt offen, ob es sich um leibliche Geschwister Jesu oder um weitere Verwandte handelt. Die katholische Exegese ist der Tradition des Glaubens von der Jungfrauschaft Marias verpflichtet und versteht die Aussage im weiteren Sinn, nämlich nicht leibliche Geschwister, sondern entfernte Verwandte. In der griechisch-orthodoxen Kirche folgt man der Überzeugung vieler griechischer Kirchenväter, die Geschwister Jesu stammten aus einer ersten Ehe Josefs. In der evangelischen Exegese wird angenommen, daß Jesus weitere Geschwister hatte.

Besondere Bedeutung unter den Brüdern Jesu kommt dem Jakobus zu. Er gehört nicht zu den Aposteln und stand wahrscheinlich zunächst dem Wirken Jesu verständnislos gegenüber (vgl. Mk 3,21; Joh 7,5). Ihm wurde die Erfahrung geschenkt, daß Gott Jesus von den Toten auferweckt und damit bestätigt hat. Paulus nennt ihn vor den Aposteln, daß Christus ihm erschien und so in seinen Dienst nahm. In der Jerusalemer Gemeinde erhält Jakobus eine führende Stellung (Apg 12,17; 15,13–21; 21,18; Gal 1,19; 2,9.12). Paulus gerät durch seine Botschaft von der bedingungslosen Annahme auch der Heiden mit dem wohl eher strengen und äußerst treuen Juden-Christen Jakobus in Widerspruch. Lukas schildert Jakobus eher ausgleichend. Auf jeden Fall hat Lukas kein besonderes Interesse an Verwandtschaftsgraden der Familie Jesu. Denn nach Lukas hat für jeden Christen die durch den Glauben geschenkte Gemeinschaft als neue Geschwisterlichkeit unter dem Wort eine größere Bedeutung als natürliche Familienbindungen (Lk 8,19–21; 11,27–28).

Die Wahl des Matthias zum Apostel (1,15–26)

Bevor durch den Geistempfang die Mission ermöglicht und eingeleitet wird, läßt der Erzähler den Apostelkreis ergänzen. Wie in Lk 6,12–16 ergibt sich die Wahl der Zwölf aus dem Gebet. Die fundamentale Bedeutung des Zwölfer-Gremiums als Bindeglied zwischen Jesuszeit und Zeit der Kirche wird deutlich. Der ganze Abschnitt ist von Lukas komponiert, dem eine Sondertradition über den Tod des Judas (VV. 18.19) und vielleicht eine unabhängige Notiz über die Wahl des Matthias vorgelegen hat. Christliche Gemeinschaft wird als Bruderschaft gesehen. Die Zahl 120 weist auf das Zwölf-Stämmevolk Israel und die Zwölf Apostel hin. Das Neue steht in der Kontinuität der vergangenen Heilsgeschichte. Das Schicksal des Judas wird in einer bei Lukas häufigen Argumentationsweise als Erfüllung der Schrift gesehen, hier von Ps 69,26 (vgl. Lk 23,26).

Das Alte Testament bei Lukas

Die Heilige Schrift als zuverlässiges und verbindliches Wort Gottes ist zur Zeit des Lukas das Alte Testament in der griechischen Übersetzung (= Septuaginta). Neben zahlreichen direkten Zitaten aus dem Alten Testament gibt es eine Fülle von Anspielungen, die Übernahme von biblischen Bildern und Motiven bis hin zu einer Nachahmung der Sprache des griechischen Alten Testamentes. Das Alte Testament wird gelesen und durchforscht, um Gottes Handeln in Vergangenheit, Gegenwart und Zukunft verstehen und zur Sprache bringen zu können.

Lukas verwendet alttestamentliche Zitate, um ein Ereignis als erfüllte oder noch zu erfüllende Verheißung zu deuten oder um eine Schriftstelle in einem bestimmten heilsgeschichtlichen Geschehen als erfüllt zu verstehen. Durch ein Schriftzitat kann Berichtetes direkt als Heilshandeln Gottes in den Blick gerückt werden. Die Heilige Schrift dient als Beweis für die Richtigkeit einer Aussage.

Der Bibelgebrauch des Lukas stützt sich auf den eigenständigen Gebrauch vor allem der Psalmen, von Jesaja und dem Zwölfprophetenbuch. Vieles ist Lukas durch die christliche Überlieferung, durch heilsgeschichtliche Abrisse und wahrscheinlich durch eine Zitatensammlung von bedeutsamen Bibelstellen vorgegeben. Lukas zitiert, wenn es für seine Aussageabsicht wichtig ist, nicht nur wörtlich, sondern ändert entsprechend ab. Für das heutige Bibelverständnis erscheint der neutestamentliche Schriftgebrauch bisweilen beliebig oder ohne Rücksicht auf den alttestamentlichen Kontext und dessen seiner Zeit verpflichteten Sinn. Nicht alles ist ursprünglich auf den neutestamentlichen Zusammenhang hin gemeint und gesagt worden. Auf jeden Fall macht der alttestamentliche Schriftgebrauch des Lukas deutlich, wie sehr christlicher Glaube auf die Bibel des alten Bundesvolkes angewiesen ist, daß es ein und derselbe Gott ist, der in der Geschichte Israels, in Jesus Christus und in der Kirche handelt und geglaubt wird. Das Alte Testament ist für das Reden von Gott, für das Verständnis der Welt und des Menschen, dessen Erlösungsbedürftigkeit und Gottbezogenheit, dessen Sehnsucht und Hoffnung, Versagen und Heil entscheidend und unaufgebbar.

Zu Judas als Anführer vgl. Lk 22,47. Das Todesschicksal des Judas und die Begründung für die Bezeichnung »Blutacker« werden in der Apostelgeschichte anders dargestellt als in Mt 27,2–10.

Vers 20 bildet die Mitte der Rede. Ps 69,26 gilt als erfüllt. Ps 109,8 »Sein Amt soll ein anderer erhalten« muß noch erfüllt werden. Die Verse 21–22 geben Voraussetzung und Ziel für den Kandidaten an. Es geht um ununterbrochene Augenzeugenschaft des Wirkens Jesu von der Johannes-Taufe bis zur Himmelfahrt, um Zeuge der Auferstehung zu werden, zusammen mit den Elf.

In Vers 23 wird Josef, durch die Namenserweiterungen erzählerisch gewichtet, am Anfang genannt, Vers 26 läßt aber die Wahl auf Matthias fallen. Die Wahl ist weniger durch das Los als vielmehr durch das Gebet als Gottes Entscheidung gekennzeichnet. Gott kennt die Herzen aller (vgl. 15,8).

Die zwölf Apostel als Zeugen

Jesus hat Schüler um sich gesammelt, damit diese – wie er – wenigstens zeitweise als Nichtseßhafte, ohne Familie, wehrlos und wie Bettler durch das Land ziehen, um das Reich Gottes zu verkünden und den Menschen die Gesundheit zu bringen. Aus den Schülern wählt Jesus zwölf Männer aus (Lk 6,12–16), um zeichenhaft die Wiederherstellung des Zwölfstämmevolkes als endgültige Heilsgemeinde zu eröffnen. Lukas sieht in den Zwölf die entscheidenden Gesandten (= Apostel) und Zeugen (= Märtyrer) der kirchlichen Ursprungszeit. Es gab damals viele Schüler Jesu, die als Wandercharismatiker durch die Lande zogen, die als Apostel galten und deren Zeugenschaft höchstes Ansehen genoß. Für Lukas sind die Zwölf von kirchenbegründender Bedeutung. Sie sind die eigentlichen Apostel und entscheidenden Zeugen. Denn der Zwölferkreis hat in unüberbietbarer Nähe das öffentliche Wirken Jesu seit der Taufe des Johannes bis hin zum Kreuz, zur Auferweckung und Himmelfahrt miterlebt. Als Lebens- und Schicksalsgefährten der Sendung Jesu sind die zwölf Apostel die zuverlässigen Vermittler der Sache Jesu und die richtungweisenden Interpreten des Handeln Gottes in Jesus Christus. Ihr Zeugnis wird ermöglicht durch die Kraft aus der Höhe, den Heiligen Geist. Inhalt des Zeugnisses ist Jesus Christus, wie er im Evangelium und in den Reden der Apostelgeschichte verkündigt wird. Ziel des Zeugnisses ist ein neues Leben mit und vor Gott und untereinander durch die Zugehörigkeit zu Jesus Christus und die dadurch gegebene Orientierung an seinem Wort. Das Zeugnis der Apostel geht auf andere über, nach Lukas vor allem auf Paulus, damit Gottes Wort bis an die Grenzen der Erde gelangt.

Das Pfingstereignis (2,1–13)

Zusammen mit der Rede des Petrus (VV. 14–41) und der Zusammenfassung der Folgen (VV. 42–47) ist die Pfingstgeschichte von Lukas gebildet worden. Am Anfang der Apostelgeschichte kommt ihm eine ähnliche Bedeutung zu wie der grundsätzlichen Herausstellung Jesu am Beginn des öffentlichen Wirkens Jesu (Lk 3,1 – 4,30). Anfangsgeschichten wollen nicht beschreiben, was am Anfang war, sondern wie alles Folgende grundsätzlich zu verstehen ist.

Vers 1 eröffnet in verheißungsvollen Worten das Geschehen: Zeitpunkt, Ort und Personenkreis werden angegeben. Es sind dieselben Repräsentanten des neuen Zwölfstämmevolkes wie in 1,15, und es ist derselbe Ort, an dem nach der Konzeption des Lukas der Auferstandene seine letzten Worte sprach, die Gemeinde betend die Erfüllung der Verheißung erwartete und das Zwölfergremium durch die Wahl des Matthias vervollständigt wurde. Bedeutungsvoll wird die Geistsendung mit dem Pfingstfest verbunden. Ursprünglich war Pfingsten das »Wochenfest«, sieben Wochen nach Erntebeginn (Ex 23,16; 34,22; Lev 23,15–21; Dtn 16,9). Die griechisch-sprechenden Juden nannten es »Pentekoste« (50 Tage), nämlich das Fest am 50. Tag nach Ostern als festlicher Abschluß des Paschafestes. Nach der Zerstörung des Tempels (70 n. Chr.) konnten die Erntegaben nicht mehr geopfert werden. Das Fest wurde zur gegenwartsbestimmenden Erinnerung an die Sinaigesetzgebung, die auf den 50. Tag nach dem Aufbruch festgelegt wurde (Ex 19,1). Für Lukas steht das Fest in Verbindung mit Ostern und damit mit dem Auferstandenen. Seine Verheißung (Lk 24,49; Apg 1,8) »erfüllt« sich, als sich der Tag von Pfingsten »erfüllte«. Die Erfüllung mit dem Heiligen Geist ereignet sich.

Pfingsten

Die Pfingstgeschichte ist im Neuen Testament einmalig. Der hohe Anteil an lukanischen Spracheigentümlichkeiten läßt eine Vorlage nicht erkennen. Vielleicht ist die Szene auch ganz von Lukas gestaltet und auf den Pfingsttermin gelegt worden. Die erfahrene Wirklichkeit, die hinter der so verdichteten Geschichte steht, wird unabhängig von Lukas auch in Joh 20,19–23 und Eph 4,7f. vorausgesetzt. An allen drei Stellen wird von der Gabe des Heiligen Geistes durch den Erhöhten gesprochen.

Das Pfingstereignis nimmt die Bilder und Motive vor allem aus der Vorstellungswelt des Alten Testaments:

»Dort erschien ihm der Engel des Herrn in einer Flamme, die aus einem Dornbusch emporschlug. Er schaute hin: Da brannte der Dornbusch und verbrannte doch nicht.«
(Ex 3,2)

»Sie kamen zwischen das Lager der Ägypter und das Lager der Israeliten. Die Wolke war da und Finsternis, und Blitze erhellten die Nacht.«
(Ex 14,20)

»Um die Zeit der Morgenwache blickte der Herr aus der Feuer- und Wolkensäule auf das Lager der Ägypter und brachte es in Verwirrung.«
(Ex 14,24)

»Am dritten Tag, im Morgengrauen, begann es zu donnern und zu blitzen. Schwere Wolken lagen über dem Berg, und gewaltiger Hörnerschall erklang. Das ganze Volk im Lager begann zu zittern. Mose führte es aus dem Lager hinaus Gott entgegen. Unten am Berg blieben sie stehen. Der ganze Sinai war in Rauch gehüllt, denn der Herr war im Feuer auf ihn herabgestiegen. Der Rauch stieg vom Berg auf wie Rauch aus einem Schmelzofen. Der ganze Berg bebte gewaltig, und der Hörnerschall wurde immer lauter. Mose redete, und Gott antwortete im Donner.«
(Ex 19,16–19)

»Der Herr antwortete: Komm heraus, und stell dich auf den Berg vor den Herrn! Da zog der Herr vorüber: Ein starker, heftiger Sturm, der die Berge zerriß und die Felsen zerbrach, ging dem Herrn voraus. Doch der Herr war nicht im Sturm. Nach dem Sturm kam ein Erdbeben. Doch der Herr war nicht im Erdbeben. Nach dem Beben kam ein sanftes, leises Säuseln.«
(1 Kön 19,11f.)

Besonders aufschlußreich für die Apostelgeschichte gibt der jüdische Gelehrte *Philo von Alexandrien* (gest. 40 n. Chr.) den Sinaibericht wieder:

»Eine Stimme ertönte darauf mitten aus dem vom Himmel herabkommenden Feuer, alle mit ehrfurchtsvollem Schrecken erfüllend, indem die Flamme sich zu artikulierten Lauten wandelte, die den Hörenden vertraut waren, wobei das Gesprochene so deutlich klang, daß man es eher zu sehen als zu hören glaubte« (Decal. 11, Ausg. *L. Cohn* IV 278f.).

Wo Gottes Heiliger Geist einbricht, wird das ganze Haus davon erfüllt. Gottes Geist steht nicht in der Verfügung des Menschen. Er kann nur betend erwartet werden. Sein Kommen ist plötzlich und erfüllt alles wie ein Sturm, der nicht zu überhören ist. Er ergreift den einzelnen. Wie von Feuer ist die Sprache des Heiligen Geistes (= Zungen). Vom Heiligen Geist ergriffen, wird der Mensch zum Zeugnis der göttlichen Wirklichkeit befähigt, so wie es der Geist eingibt. Lukas benutzt das religiöse Phänomen der Glossolalie, wie es die Einschätzung in Vers 13 nahelegen könnte (vgl. 10,45f.; 19,6), um es als Fremdsprachenwunder umzudeuten.

Glossolalie als ekstatisches unartikuliertes Reden kommt in vielen Religionen vor. Eine religiöse Atmosphäre kann sich so verdichten, daß Menschen davon völlig überwältigt nur noch Laute der Ergriffenheit von sich geben und in für Außenstehende unverständlichen Worten reden. Als Phänomen der Religion kann es sich auch unter Christen ereignen. Paulus geht darauf in 1 Kor 14 kritisch ein, ohne die Möglichkeit einer derartigen Geistesergriffenheit und Begabung zu leugnen oder gar herabzusetzen.

Für Lukas beruht dieses geistliche Reden in der Befähigung, vor unterschiedlichsten Menschen die zu preisenden Großtaten Gottes begeistert zu verkünden (V. 11). Er konstruiert ein Fremdsprachenwunder, um das grenzenlose Ziel einer weltweiten Verkündigung anzudeuten. Dazu verwendet er eine vorgegebene Völkerliste, die für den weiteren Verlauf der Apostelgeschichte keine Bedeutung hat. Nach Vers 5 sind es fromme Juden aus aller Welt, nach Vers 11 Juden und Proselyten. Letztere bezeichnen Juden, die es durch Konversion und nicht durch Geburt sind. Lukas vermeidet dadurch den Eindruck einer vorweggenommenen Heidenmission. Sie wird sich erst langsam, aber unter Gottes Führung nachdrücklich ergeben. Daß es sich um in Jerusalem Ansässige handelt, betont Lukas, um die Verbreitung des Christentums in anderen Regionen dem Apostel Paulus und seinen Begleitern vorzubehalten. Die anderen Bewohner Jerusalems werden nicht genannt. Sie sind aber als Adressaten des folgenden mitgedacht.

Das Pfingstereignis zusammen mit dem Sprachenwunder schafft Verwirrung. Die einen fragen nach der Bedeutung, die anderen spotten. Interesse und Ablehnung als grundsätzliche Verhaltensweisen gegenüber der christlichen Wirklichkeit werden erzählerisch angedeutet. Gleichzeitig wird die Rede des Petrus vorbereitet. Sie wird die klärende Antwort bringen.

Die Pfingsterzählung lebt von der Erfahrung des Glaubens, daß der Auferstandene durch seinen Heiligen Geist machtvoll und unübersehbar gegenwärtig ist und daß Leben, Leitung und Wachstum der Kirche durch diesen Geist, der Gottes wunderbare Kraft ist, ermöglicht werden (s. Exkurs »Heiliger Geist«, S. 27).

Die Pfingstpredigt des Petrus (2,14–36)

Deutlich ist die Rede durch die Nennung der Adressaten in den Versen 14.22.29.36 gegliedert, verbunden mit einer Bemerkung, die Aufmerksamkeit für das unmittelbar Folgende bewirken soll. Die Einsätze lassen die beabsichtigte Gedankenbewegung der Rede erkennen. Die Verse 14 und 36 bilden die äußere Klammer. In Vers 22 wird auf das Christusgeschehen hingelenkt. Vers 29 ist durch die Wortwahl wie eine Einleitung zu einem Exkurs. Den ersten Teil bestimmt das Joëlzitat, den zweiten vorgegebene christologische Aussagen, den dritten Teil zwei Schriftauslegungen. Schließlich sollen in Vers 36 die Adressaten aus den Worten der Rede eine Erkenntnis, ein Wissen erhalten. Die Rede beginnt vordergründig mit der Zurückweisung der spöttischen Bemerkung des Verses 13. Zur eigentlichen Auslegung des Pfingstereignisses dient der prophetische Text Joël 3,1–5. Gott selbst deutet durch sein Wort das Geschehen. Die letzten Tage der Heilsgeschichte sind angebrochen. Sie umfassen das Jesusgeschehen und die Zeit der Kirche. Bleibt der Endpunkt der Geschichte auch unberechenbar, so wird alle Zeit mit Jesus als Endzeit begriffen. Das von Gott versprochene Heil ist angebrochen. Gottes Geist ist ausgegossen. Gottes Macht und Kraft ergreift den hinfälligen Menschen (= alles Fleisch). Es geschieht, was im Alten Testament ersehnt und angesagt worden ist:

»Doch Mose sagte zu ihm: Willst du dich für mich ereifern? Wenn nur das ganze Volk des Herrn zu Propheten würde, wenn nur der Herr seinen Geist auf sie alle legte!«
(Num 11,29)

»Ich verberge mein Gesicht nicht mehr vor ihnen; denn ich habe meinen Geist über das Haus Israel ausgegossen – Wort Gottes, des Herrn.«
(Ez 39,29)

Der Heilige Geist überwindet den Abstand zwischen Gott und Geschöpf. Er verbindet mit Gott und schenkt Gottunmittelbarkeit. Unterschiede zählen nicht mehr. Junge und Alte, Männer und Frauen, Freie und Sklaven, Israeliten und Heiden werden erfaßt (vgl. Gal 3,28). Die vom Geist vermittelte Verbundenheit mit Gott erschließt sich durch Träume und Visionen. Die junge Generation wird durch den Heiligen Geist befähigt, zukunftsweisende, die Gegenwart erhellende und verändernde Einsichten und Visionen zu haben. Die alte Generation ist nicht resigniert und kraftlos, sondern sie vermag unter dem Eindruck des Heiligen Geistes zu träumen, was das greifbar Gegenwärtige übersteigt. In ihren Herzen entstehen die Bilder, die erschließen, was mit dem Leben eigentlich gemeint ist. Durch den Heiligen Geist ist Gott dem Menschen so nah, daß aus dieser tiefen Ursprungsverbundenheit Prophetien, Visionen und Träume entstehen und die Wirklichkeit Gottes im Herzen gewiß und einsichtig machen.

Gottes Macht und Kraft verwandelt wunderbar Himmel und Erde. Auf dem Hintergrund der machtvollen Taten, Wunder und Zeichen im Leben Jesu und in der Kirche darf in Vers 19 lichtvoll und heilsmächtig verstanden werden, was ursprünglich finster gemeint war. Denn Blut, Feuer, qualmender Rauch weisen auf Kriege und Naturkatastrophen; zusammen mit Sonnenfinsternissen und Mondfinsternissen wurden derartige schreckliche Ereignisse als Zeichen für den Weltuntergang oder das Endgericht Gottes verstanden. In Krisen- und Katastrophenzeiten steigert sich das Bewußtsein von der Erlösungsbedürftigkeit, die Sehnsucht nach Vernichtung alles Schrecklichen und Bösen, die Hoffnung auf den Sieg Gottes. Am Ende steht der große und herrliche Tag Gottes, die Rettung für jeden, der den Namen des Herrn anruft. Gemeint ist ursprünglich der Glaube an den Gott Israels. Die junge Kirche sieht in Jesus Christus den Herrn. Größer und umfassender kann die Bedeutung Jesu nicht herausgestellt werden, wenn die Kirche den Gottestitel »Herr« auf Jesus von Nazaret überträgt. Wer auf ihn vertraut, baut und sich ihm anschließt, wird gerettet, erfährt Heil, das keinen Untergang kennt. Um dies erfahrbar zu machen, gibt es die Kirche, ihre Verkündigung und ihre Mission.

Die erneute Anrede in 2,22 macht das Ende des Zitates deutlich und schlägt die Brücke zum Jesusgeschehen. Es geht um Leben, Tod und Auferstehung Jesu im Spannungsfeld zwischen Gott und Mensch. Viermal wird Gott als der Handelnde genannt, viermal werden die Angeredeten einbezogen. Dem wunderbaren Handeln Gottes in Jesus steht das furchtbare Verhalten der Menschen gegenüber. Im Tod Jesu stößt beides aufeinander. Für Lukas ist das Sterben Jesu gottgewollte Hingabe, nicht als wollte Gott den Tod, aber Gott hat sich darauf eingelassen, daß die Hingabe seines Sohnes zur Rettung und zum Heil der Welt nicht aufhört, wenn diese Hingabe in den Tod führt, weil sein geliebtes Volk seinen Heilsbringer kreuzigen ließ und dadurch umbrachte. Die heidnischen Römer werden geschont, die schlimme Tat haftet an den Israeliten. Doch Gott bleibt der eigentlich Handelnde. Er hat Jesus auferweckt. Dies ist die wichtigste Aussage des christlichen Glaubens über Gott. Weil Gott so handelt, erscheint alles in einem anderen Licht: das Kreuz und das Leben Jesu, seine Sendung und Gottes Liebe zum Menschen. In diesem Licht hat die junge Kirche die Heilige Schrift gelesen und Ps 16,8–11 herangezogen, um die alles überbietende Tat Gottes in der Auferweckung Jesu begreiflich und verständlich zu machen. Was der Psalm besingt, kann nicht David meinen, dessen Grab ja bekannt war, es muß auf Jesus zielen. Dieser Jesus stammt nicht nur aus dem Königsgeschlecht Davids, er wird als der in 2 Sam 7,12f. verheißene Erbe des Thrones Davids begriffen. Die Auferweckung macht es gewiß.
Die Apostel können bezeugen, worin die Herrschaft Jesu begründet und wie sie zu verstehen ist. Die Auferweckungsbotschaft gipfelt in dem Bekenntnis von der Erhöhung Jesu. Der Erhöhte empfängt den Heiligen Geist, um ihn seiner Kirche weiterzugeben. Auferweckung, Himmelfahrt und Geistsendung kommen zur Sprache. Wieder wird in Ps 110,1 Gottes Wort herangezogen, um die Machtstellung Jesu zu kennzeichnen. Seine Herrschaft wird in königlicher Siegerposition dargestellt. Lukas läßt aber durch sein

Doppelwerk deutlich werden, daß der erhöhte Herr mit dem heilschaffenden und dienenden Jesus identisch ist und Gott ihn deshalb zum Sieger macht. Die Liebe siegt über den Haß, das Heil über das Unheil, die Rettung über die Erlösungsbedürftigkeit, das Gute über das Böse, das Dienen über das Herrschen, das Leben über den Tod, die Gottesnähe über die Gottesferne, die Gemeinschaft über die Beziehungslosigkeit, die Vollendung über das Unvollkommene, das Ewige über das Endliche, der Geist über die Geistlosigkeit.

Jesus war voll des Heiligen Geistes (Lk 4,1; vgl. 4,14.18). Diesen Geist hat er sterbend dem göttlichen Vater zurückgegeben (Lk 23,46). Als Erhöhter empfängt er ihn von Gott, um ihn auszugießen. Lukas möchte die Wirklichkeit der kirchlichen Geisterfahrung als Geschenk Gottes herausstellen, das durch den Erhöhten ermöglicht und vermittelt wird. Es bedurfte eines langen und mühevollen Weges, bis der Kirche das Wesen der Trinität klarer wurde. In der jungen Kirche ging es zunächst darum, das Handeln Gottes an und durch Jesus Christus herauszustellen. So sollte sichergestellt werden: »Gott hat ihn zum Herrn und Messias gemacht« (V. 36). Gott bindet sein Heil und damit das Glück der Menschen an den erhöhten Jesus. Und was immer von einem Messias erwartet wurde und zu hoffen ist, wird auf diesen Jesus bezogen. Auf keinem anderen Weg und auf keine andere Weise wird Gott seinen Willen durchsetzen und das Glück des Menschen bewirken. Um so härter muß die nochmalige Tötungsaussage in Vers 36 das Versagen Jesus gegenüber erscheinen lassen.

Die Rede hat im Sinne von Apg 2,4 und 2,11 als Beispiel einer vom Geist eingegebenen Verkündigung der Großtaten Gottes zu gelten. Darum ist diese Verkündigung zum geringeren Teil Interpretation des Pfingstereignisses. Es geht vielmehr um das Handeln Gottes an Jesus Christus, wie es im Glaubensgut der Kirche dargestellt ist und auf der Grundlage der Schrift erkannt werden kann.

Die hervorragende Stellung der Rede wird durch die in Apg 2,9–11 angegebenen Hörer deutlich, in denen sich das universale Judentum repräsentiert. Das Ziel der Verkündigung ist die Umkehr, die Taufe zur Vergebung der Sünden und der Empfang des Heiligen Geistes (Apg 2,38). Entsprechend dem in Lk 24,

47–49 und Apg 1,8 ausgesprochenen Programm hat die Pfingstrede des Petrus als erstes Verkündigungszeugnis in der Kraft des Heiligen Geistes zu gelten, und zwar »in Jerusalem« (Apg 1,8).

Der Öffentlichkeitscharakter der Petrusworte ist vom Thema der Apostelgeschichte her motiviert. Lukas will nicht zeigen, wie vor Juden zu predigen wäre. Verständlich ist die Rede eigentlich nur den Lesern, die in der Glaubenstradition der lukanischen Zeit stehen. Ihre Bezeichnung als Missionsrede ist zwar üblich, aber als Formbestimmung nicht geeignet.

Die Reden

Die Reden der Apostelgeschichte sind alle von Lukas geschaffen worden, um an wichtiger Stelle kontextgemäß Entscheidendes zur Sprache zu bringen. Grundlage der Rede sind die Glaubensinhalte der Kirche, ein differenzierter Schriftgebrauch und eine Reihe anderer vorgegebener Formulierungen. Alle Reden sind zusammenzunehmen, weil Lukas unterschiedliche theologische Aussagen verteilt, andererseits aber bewußt gleiche Inhalte, wenn auch variiert, wiederholt, um die Einheit in der Verkündigung etwa des Petrus und des Paulus und damit die Verbindlichkeit der Aussagen zu betonen. Lukas benutzt vorgegebene Aussagen, die die gesamte Heilsgeschichte behandeln: über den Schöpfergott, über Gottes Handeln an Abraham, an Josef, an Mose, David und vor allem an Jesus Christus, der durch wunderbare Taten beglaubigt, dann gekreuzigt und auferweckt wurde, den Seinen erschien und als der Erhöhte seiner Kirche Gottes Geist vermittelt und als Richter wiederkommen wird. Wie in einem heilsgeschichtlichen Überblick wird der ganze Glaube an den geschichtsmächtigen Gott verkündigt.

Die Reden dienen dem Ziel der Apostelgeschichte, in Form geschichtlicher Darstellung den Weg des Wortes von den Juden zu den Heiden zu verkünden. Inhalt dieses Wortes ist vornehmlich das von der Kirche geglaubte und bekannte Handeln Gottes in der Geschichte des alten Gottesvolkes, an Jesus Christus und dessen Kirche. Die Adressaten der Apostelgeschichte erfahren auf diese Weise, wie ihr Glaube in den Anfängen der Kirche begründet und durch die Autoritäten der Ursprungszeit garantiert und nach Gottes Plan zu ihnen gelangt ist. Die Glaubensaussagen der Reden dienen auch dazu, die geschilderten Ereignisse zu erhellen und zu interpretieren.

Zwar folgt Lukas dabei in vollendeter Weise einem allgemeinen Brauch antiker Geschichtsschreibung. Der tiefste Grund für die Reden aber liegt darin, daß das im Glaubenszeugnis ausgesprochene Handeln Gottes die Geschichte des Wortes bestimmt und als Gegenstand und Mitte aller christlichen Unterweisungen anzusehen ist.

Einer Generation, die sich nicht mehr mit dem Judentum verbunden sieht, deren Glaubensverständnis aber Gottes Handeln an den Vätern *und* an Jesus Christus beinhaltet, wird der geschichtliche Standort ihres Glaubens verkündet. Gerade darin dürfte der aktuelle Bezug der lukanischen Darstellung auch für die heutige Zeit sichtbar werden. Die Apostelgeschichte zeigt deutlich, wie der Glaube sich auf seine geschichtlichen Ursprünge zu besinnen hat, um nicht in sich wandelnden Zeiten ortlos und damit unbegreiflich zu werden. Doch geht es nicht allein um ein Modell. Vielmehr muß die Rückbindung des Glaubens an die Anfangszeit der christlichen Botschaft dahin verstanden werden, daß die in den Reden vermittelten Inhalte unüberholbarer Ausdruck dafür sind, wie Gottes Handeln in der Geschichte zu bekennen ist und als Bekenntnis zur gegenwärtigen Verkündigung drängt, damit das Wort Gottes seinen Lauf bis an die Grenzen der Erde bruchlos und unvermindert zu nehmen vermag.

Im Rahmen der Apostelgeschichte ist das Pfingstereignis mit der dadurch ermöglichten Verkündigung der hoffnungsvolle Beginn des Berichtes, wie von Jerusalem aus das Wort Gottes »bis an die Grenzen der Erde« geht. Von dieser Rede spannt sich der Bogen über die anderen apostolischen Reden in Jerusalem bis hin zu den Reden des Paulus. Petrus tritt als Verkünder auf, weil er von Lukas als Repräsentant der Apostel gesehen wird. Lukas ordnet die Gestalt des Petrus in hervorragender Weise seinem Gesamtkonzept ein. Das wird darin begründet sein, daß Petrus im Bewußtsein der Adressaten des lukanischen Doppelwerkes eine kirchenbegründende Bedeutung hat. Die Rückbindung des Glaubens an Petrus geschieht für die Leser. Sie glauben, was Petrus verkündet hat. Hier läßt sich das Bemühen der Späteren aufspüren, sich der geschichtlichen Grundlagen der eigenen Glaubensexistenz zu vergewissern. Dieses Bemühen entspringt einer Notlage, was durch die Abschiedsrede des Paulus in Milet nahegelegt wird. Irrlehren beginnen in die Kirche einzudringen (20,30). Der Abstand zu den Ursprüngen des Glaubens muß überwunden werden. Lukas will seinen Adressaten mit seiner Darstellung den Lauf des Wortes verkünden und ihnen dadurch helfen, daß sie Herkunft und Ort ihres Glaubens erkennen.

Petrus

Petrus stammte nach Joh 1,44 zusammen mit Andreas, seinem Bruder, und mit Philippus aus Betsaida (= Fischhausen) an der Nordseite des Sees Gennesaret. Der Ort wurde nach dem Tod des Herodes (4 v. Chr.) von dessen Sohn Philippus zur Stadt erhoben und nach der Tochter des Kaisers Augustus Julias benannt. Simons Familie lebte dort unter dem Einfluß der hellenistischen Kultur. Simon Petrus wird wohl zweisprachig aufgewachsen sein.

Da in Mk 1,19–31 von der Heilung der Schwiegermutter des Simon erzählt wird, kann angenommen werden, daß Petrus durch Heirat nach Kafarnaum, einem wohl rein jüdischen Städtchen mit Fischereihafen, kam. Das Haus, in dem Petrus lebte, wurde später zum bevorzugten Zuhause Jesu und zu einem Zentrum der frühen Christenheit.

Wie viele andere wird auch Simon auf die endzeitliche Sammlung Israels und das Kommen der Gottesherrschaft gewartet haben, so wie es in der Täuferbewegung leidenschaftlich zum Ausdruck kam. Der Anschluß an Jesus führt zur Berufung in die Nachfolge Jesu. Petrus verläßt zeitweise seine Familie und seinen Beruf, um mit Jesus und im Dienst am Gottesreich als Wandercharismatiker in der Jüngergemeinschaft zu leben. Dennoch bleibt die Familie des Petrus der von Jesus bevorzugte Stützpunkt. Familie und Wandertätigkeit schließen sich nicht aus; später ist Simons Frau auf den Missionsreisen an seiner Seite zu finden (vgl. 1 Kor 9,5).

Die Sonderstellung Simons unter den Jüngern ist im Neuen Testament einhellig bezeugt. Jesus selbst hat ihm den prophetischen Symbol-Namen Kefas gegeben und damit als »edlen Stein« und »tragenden Grundstein« der Gemeinschaft herausgestellt. Die herausragende Bedeutung des Petrus dürfte der Grund sein, warum die Überlieferung direkt und unbefangen auch von den Schwächen dieses Mannes zu reden vermag. Petrus verkörpert vorbildlich den Jüngern: leidenschaftliches Glaubensbekenntnis, starkes Auftreten, mutige Entschlossenheit und doch auch Irrtum und Versagen in konkreter Situation, gefolgt von Einsicht, Schmerz und Neubeginn. Die stärkste Anfechtung war der Weg zum Kreuz. Wie es zum Osterglauben kam, ist historisch nicht mehr rekonstruierbar. Die urkirchliche Überlieferung sieht Petrus als ersten Zeugen des Osterglaubens. Dadurch bekommt Simon Petrus kirchengründende Bedeutung und wird faktisch zum Leiter der Jerusalemer Urgemeinde. Um der Bedrohung durch Herodes Agrippa I. zu entgehen, verließ Petrus 41 n. Chr. Jerusalem. Dadurch wird Petrus zum verantwortlichen Repräsentanten der Judenmission. Die Missionserfolge führen zu einem starken Wachstum der Jerusalemer Urgemeinde und zur Bildung jüdäischer und galiläischer Gemeinden. Als missionarischer Charismatiker muß Petrus überzeugend gewirkt haben. Ein Echo darauf sind sicher die durch ihn bewirkten Krankenheilungen.

Nach Gal 2,1 kam es zwischen Petrus, Jakobus und Johannes einerseits und Paulus und Barnabas andererseits zu der Abmachung, daß die ersten für die Judenmission, die anderen für die Heidenmission zuständig sind. Petrus wurde aber auch unproblematisch und unprogrammatisch zum Missionar einiger Heiden. In Antiochia achtet er selbst nicht auf die Trennung der beiden Gruppen, nimmt an der dort üblichen Tischgemeinschaft beider Seiten teil. Auf Druck des eher konservativen Herrenbruders Jakobus, der nach dem Weggang des Petrus die Leitung der Jerusalemer Gemeinde übernommen hatte, gibt Petrus diese Praxis wieder auf, ist aber der Sache nach mit Paulus einig und tritt für eine Lösung des Konfliktes in Jerusalem ein. Das sogenannte Apostelkonzil ermöglicht die Tischgemeinschaft von Juden- und Heiden-Christen, ohne von den Heiden ein Leben nach dem Gesetz der Juden zu verlangen. Das weitere Schicksal des Petrus liegt im Dunkeln. Die Überlieferung sagt später, Petrus sei als Bischof in Antiochia gewesen. Wann Petrus nach Rom kam, ist unbekannt. Nicht mehr bezweifelt wird sein gewaltsamer Tod unter Nero in Rom.

Lukas übernimmt weitgehend die Texte über die Bedeutung des Petrus aus dem Markusevangelium. Darüber hinaus erweitert er die Rolle des Petrus als Sprecher der Jünger.

In der Geschichte vom reichen Fischfang (Lk 5,1–11) wird Simon dadurch zum ersten Jünger, daß er dem Wort Jesu glaubt. Der Text zeichnet die großen Missionserfolge des Petrus, wie sie die Apostelgeschichte sieht, symbolisch und programmatisch vor. Das Sonderwort Jesu an Petrus (Lk 22,31–34) versucht das Versagen und die Bedeutung des Petrus auszusagen. Der Glaube des Petrus erscheint als nie ganz erloschen. Der Grund dafür wird im Gebet Jesu gesehen. Es ist wohl Ostern (Lk 24,34), das zur Bekehrung führt und die Stärke des Petrus begründet.

Im ersten Teil der Apostelgeschichte schildert Lukas unübersehbar Petrus als Sprecher und Repräsentanten des Zwölfergremiums. Wie Jesus erscheint er als Wundertäter, maßgeblich wird Petrus an der Samarienmission und am missionarischen Durchbruch zu den Heiden beteiligt. An Petrus soll abgelsen werden, was den Apostel ausmacht und wie das Wort Jesu vom Apostelkollegium bis zu den Grenzen der Erde vorzudringen vermag und worauf die apostolische Zuverlässigkeit des Glaubens gründet.

Erste Bekehrungen (2,37–41)

Der Hinweis auf den Herrn und Messias, »den ihr gekreuzigt habt« (V. 36), führt dazu, daß die Zuhörer quälenden Schmerz im Herzen empfinden (vgl. Ps 108,16): »Was sollen wir tun« (s. Lk 3,10.12.14; Apg 4,16; vgl. 16,30; 22,10.26) deutet die Umkehrbereitschaft an. Petrus ist wiederum als Sprecher der Apostel hervorgehoben. Durch ihn ergeht der Aufruf zur Umkehr und Taufe.

Mit dem Ruf zur Umkehr erfüllt sich der Auftrag des Auferstandenen (Lk 24,47). Umkehr nach der Heiligen Schrift meint mehr als eine Änderung des Sinnes, mehr als ein reuevolles Gefühl über begangene Sünden, mehr als Sühne und Wiedergutmachung begangener Schuld. Es geht vielmehr um eine radikale Hinwendung des Menschen zu Gott, wie sie durch Jesus Christus ermöglicht wird, um einen völlig neuen Aufbruch. Umkehr setzt die totale Erlösungsbedürftigkeit des Menschen voraus, seine Unfähigkeit, durch eigene Kraft zu Gott zu finden und sein Heil zu machen. Wichtiger aber ist die theologische Dimension der Umkehr: Gott hat sich dem Menschen bedingungslos in Jesus Christus zugewandt. In seiner Nachfolge wird der Mensch ganz neu in Gottes Liebe wunderbar geborgen und zu einem neuen Leben nach den Maßstäben Christi befähigt. Die Taufe auf den Namen Jesu ist sinnhaftes feierliches Zeichen der Annahme durch Gott und der Geborgenheit in Gott durch die Lebensgemeinschaft mit Jesus Christus. Die Verkündigung der Kirche soll den Beginn eines neuen Lebens der Geborgenheit in Gottes Liebe erschließen. Das Einlassen auf diese verkündigte Wirklichkeit ist die Umkehr; die Taufe stellt dar, was geschehen ist. Ein Leben ohne Gott wird der Versenkung übergeben; ein völlig neues Leben beginnt. Die Vergebung der Sünden ist die Überwindung der Erlösungsbedürftigkeit des Menschen insgesamt und damit auch von Versagen und Schuld.

Die Taufe geschieht im Namen Jesu Christi. Dahinter steht die Praxis der Urkirche, zunächst nur im Namen Jesu zu taufen. Mit der Taufe ist das Geschenk des Heiligen Geistes verbunden. Die Verheißung des Propheten Joël gilt für die Anwesenden, deren Kindern in künftigen Generationen und allen in der Ferne (Jes 57,19; Eph 2,17; Sir 24,32), letzteres meint die Heiden (Apg

22,21), die der Herr herbeirufen wird. Zu Vers 40 vgl. Lk 3,18. Das Zeugnis und die bittende Mahnung greift ebenfalls auf Joël (vgl. Apg 2,21) zurück. »Aus diesem verkehrten Geschlecht« s. Dtn 32,5 bzw. Ps 77,8; vgl. Phil 2,15. Die Annahme des Wortes (Logos) führt zur Taufe (V. 41). »Etwa 3000 Seelen« ist lukanische Angabe, um Gottes Segen für die Kirche überwältigend herauszustellen. Die Zahlenangabe möchte Mut und Zuversicht machen. Wie in der Ursprungszeit wird Gott immer wieder Menschen durch die Frohe Botschaft so beeindrucken, daß Gemeinden entstehen oder wachsen.

Lukas und die Juden

Wenn Lukas sehr scharf die Schuld der Juden am Tod Jesu herausstellt und immer wieder fast wie eine Gesetzmäßigkeit die Ablehnung der christlichen Verkündiger durch Vertreter der Juden erzählt, so hat das historische und meistens schriftstellerische Gründe. Dennoch läßt der Heiden-Christ Lukas keinen Zweifel daran, wie groß und unaufgebbar die Nähe des Christentums zum Judentum ist. Ist es doch ein und derselbe Gott, der in der Geschichte Israels und durch Jesus Christus und in der Kirche handelt, geglaubt und angebetet wird. Die Bibel des Juden ist für ihn Gottes Wort auch für die Christen. Auf dieses Wort ist unbedingt Verlaß, es ist verbindlich, bestimmt das christliche Reden von Gott und erhellt das alles überbietende Heil durch Jesus Christus. Jerusalem ist für Lukas noch immer die Heilige Stadt, in der sich das Leben Jesu im Kreuz und in der Auferweckung vollendet, der Auferweckte den Jüngern erscheint, der Heilige Geist herabkommt und die christliche Heilsbotschaft ihren Anfang nimmt. Die Jerusalemer Urgemeinde bleibt in der Apostelgeschichte maßgeblich auch für den Weg des Glaubens zu den Heiden. Im Tempel von Jerusalem erhält Paulus beim Beten weiteren Aufschluß über seine Berufung. Dort beginnt auch sein Leidensweg. Die ersten beiden Kapitel des Lukasevangeliums besingen wie in einer Ouvertüre die Heilsberufung Jesu für das Volk Gottes auf dem Hintergrund der alttestamentlichen Hoffnungen und Sehnsüchte. Lk 24,21 und Apg 1,6 lassen erkennen, wie sehr es Lukas um die Erlösung Israels und die Wiederherstellung des Reiches für Israel geht. Bis zum Schluß der Apostelgeschichte wird das Bekenntnis zur Hoffnung Israels festgehalten (Apg 28,20). Lukas hängt mit gläubigem Herzen an Jerusalem und bleibt dem Volk der Juden verbunden, das zur Zeit des Lukas gedemütigt auf den verlorenen, furchtbaren Krieg zurückschauen und den Verlust seiner geographischen und theologischen Mitte beklagen und betrauern muß.

Das Leben der jungen Gemeinde (2,42–47)

Die Verse bilden einen sogenannten Sammelbericht und müssen mit den beiden anderen großen Sammelberichten Apg 4,32–35 und 5,11–16 zusammen gesehen werden. Diese Abschnitte haben die jeweils vorhergehenden und nachfolgenden Einzelberichte zu verbinden, die Zeit zwischen den Einzelgeschichten auszufüllen und so den Eindruck einer fortlaufenden Geschichte zu erwecken. Die Verallgemeinerungen steigern die Zustände in der Urkirche ins Typische: Lukas weist die besten Möglichkeiten kirchlichen Lebens auf. In Vers 42 nennt Lukas vier Lebensinhalte, die damals wie heute ein Gemeindeleben bestimmen sollen: die Lehren der Apostel, die Gemeinschaft, das Brechen des Brotes und die Gebete. Mit der Lehre der Apostel ist genau das gemeint, was Lukas in seinem Evangelium und in seiner Apostelgeschichte überliefert. Alle Inhalte des Glaubens sind daran zu messen, haben damit in Einklang zu stehen, müssen darin begründet werden. Die Zuverlässigkeit der Botschaft von und über Jesus Christus hängt am apostolischen Ursprung der Verkündigung und bewahrt den Glauben vor Beliebigkeit. Gemeinschaft bedeutet Lebens- und Schicksalsgemeinschaft mit Jesus Christus, die zur Überwindung der Beziehungslosigkeit unter den gläubig gewordenen Menschen führt. Die Zusammengehörigkeit unterschiedlichster Menschen von unterschiedlichster Herkunft war eines der faszinierendsten Phänomene der Urkirche. Der Zugang zu Gott durch Jesus Christus ist an die Gemeinschaftserfahrung gebunden. Noch deutlicher spricht Lukas in Apg 4,32: »Die Gemeinde der Gläubigen war ein Herz und eine Seele.« Überzeugender Ausdruck der Gemeinschaft ist für ihn die Gütergemeinschaft (V. 43). Mit dem »Brechen des Brotes« ist die christliche Eucharistiefeier gemeint. Sie hat ihren Grund in den vielen Mahlgemeinschaften Jesu, in denen die Annahme durch Gott und das Daseindürfen in Gemeinschaft mit den anderen gelebt und erlebt wurde. Die Mahlgemeinschaft ist vom Jubel über die Erlösung gekennzeichnet und von Schlichtheit des Herzens; einfach und unkompliziert, mit ganzem Herzen (V. 46). Das Festhalten an den Gebeten bewahrt die Erinnerung, daß die ersten Christen an den Gebetsgewohnheiten ihrer jüdischen Heimat festhielten (V. 46). Dem Leser des lukanischen Doppelwerkes steht jedoch vor Augen, was er bereits über das allseitige Gebet erfahren hat (s. o. Erläuterungen zum Gebet). Es ist vor allem der Lobpreis von Gottes Großtaten (V. 47).

Wie im Leben Jesu geschehen auch durch die Apostel viele Wunder und Zeichen. Das Zeugnis vom Heil setzt Kräfte frei, die das Schicksal des Menschen zum Guten wenden und den Menschen heil und gesund werden lassen. Gottes heilschaffende Gegenwart wird spürbar und löst ehrfürchtige Ergriffenheit aus. Furcht hat in diesem Zusammenhang nichts mit Angst zu tun. Denn die Erfahrung Gottes vermehrt nicht die Ängste, sondern entmachtet sie.

Wenn Gemeinde sich so verhält, wie Lukas es in diesem Sammelbericht beschreibt, dann ist die christliche Gemeinde beim ganzen Volk beliebt, und Gott selbst kann ihnen Menschen zu deren Rettung hinzuführen. Um so unverständlicher muß es erscheinen, wenn die Gemeinde abgelehnt wird. Ihr Schicksal ist das Schicksal Jesu. Zustimmung schlägt in Haß um, obwohl es eigentlich keinen Grund gibt.

Die Heilung des Gelähmten im Tempel (3,1–10)

Als dem Lukas vorgegebene Tradition kann angenommen werden: Verse 2.3.6b.7.8a.9.10. In Apg 14,8–10(11) erzählt Lukas eine ähnliche Krankenheilung durch Paulus, beide Krankenheilungen haben im Lukasevangelium eine vorausgehende Parallele (Lk

5,17–26). Lukas stellt auf diese Weise die Kontinuität des Heilshandeln Jesu über Petrus und die Apostel bis zu Paulus und damit bis in die Gegenwart der Adressaten heraus. Durch Jesus Christus und das Handeln der Kirche in seinem Namen geschieht Errettung aus allem, was lähmt, einengt, ausschließt, unbeweglich, hart und verkrampft sein läßt.

3,1–10 dient im Zusammenhang der Apostelgeschichte zur Konkretisierung der summarischen Bemerkungen in 2,43 und zur Ermöglichung der Reden in 3,11–26 und 4,1–22. Vers 1 verknüpft die Wundergeschichte mit 2,42. Der Tempel ist Ort des Gebetes und der Lehre (Lk 19,45–48).

Die neunte Stunde meint das Nachmittagsgebet zur Zeit des Tamidopfers. Johannes wird genannt, damit vor dem Hohen Rat neben Petrus noch ein weiterer Zeuge zugegen ist. Zwei Zeugen geben dem Zeugnis Gültigkeit (vgl. Lk 10,1).

Die Verse 2.3.4 steigern die Erwartung des gelähmten Bettlers, die in Vers 6 enttäuscht und zugleich im Übermaß beschenkt wird: nicht Geld, sondern ein anderes Leben.

Im Namen Jesu Christi, den Nazoräers geschieht dasselbe wie in Lk 5,17–26 und in Apg 14,8–10. In Vers 7 wird das Heilungswort durch den Heilgestus ergänzt. Vers 8 demonstriert die Heilung und erweist das Erzählte als fortgesetzte Erfüllung von Jes 35,6 in Lk 7,22: »Dann springt der Lahme wie ein Hirsch.« Gott preisen nimmt inhaltlich Lk 5,25.26 auf, dem genauen Wortlaut nach Lk 2,13.20; Apg 2,47; vgl. Lk 2,20; 7,16; 13,13; 17,15; 18,34; 19,37; 23,47; 24,53; Apg 4,21; 11,18; 21,20. Das Gotteslob ist Ziel des Wunders, weil es letztlich immer Gott ist, der sich in den Wundern »seines Volkes angenommen hat« (Lk 7,16). Wo immer Menschen heil und gesund werden, geht es um Gottes ureigenste Schöpfungsintention. Vom »ganzen Volk« (in V. 9 und in V. 11) spricht die Apg innerhalb der Kapitel 2–6 22mal und hebt damit die Bedeutung des Geschehens für Israels Gesamtheit und für die ganze Kirche hervor.

Die Rede des Petrus auf dem Tempelplatz (3,11–26)

Der Geheilte hält Petrus und Johannes »fest«: Apg 2,42 macht deutlich, was gemeint ist. Gleichzeitig dient der Vers zur Einleitung der Rede vor dem »ganzen Volk« und damit vor der ganzen Kirche. In die aus der vorgegebenen Heilungsgeschichte gebildeten Sätze der Verse 12.16 stellt Lukas eine auf die Zuhörer ausgerichtete »Kurzfassung« des christlichen Glaubensbekenntnisses über Gottes Großtaten. Der ausführliche Gottesname ist lukanische Zusammenfassung der gesamten alttestamentlichen Heilsgeschichte. Die Anspielung auf Jes 52,13 gibt die Erhöhungsaussage wieder und dient im jetzigen Kontext der Interpretation des Wunders, wie umgekehrt das Wunder die Glaubensaussage begründet. Die Wortwahl der Passionsaussagen weist auf das Lukasevangelium, mit dessen Hilfe die Tötungsaussage erweitert und variiert wird.

Hervorgehoben ist, daß es sich bei dem Getöteten um »den Urheber des Lebens« handelt. Den Höhepunkt des Ganzen bildet die Auferweckungsaussage. Die Auferweckungsformel ist unverändert aus der Tradition übernommen. Als angehängt erscheint wieder – wie schon in Apg 2,36 – die Zeugenaussage, wodurch Lukas gemäß Lk 24,48 die Bedeutung der Zwölf Apostel für den Auferstehungsglauben unterstreicht. Zwar wird das Verhalten des Volkes sehr negativ beschrieben, aber eigentlich dient jedes Verb dazu, eine noch wichtigere Aussage über Jesus zu machen. Das Handeln des Volkes wird überboten durch Gottes Handeln. Dahinter steht der schriftstellerische Gestaltungswille und nicht der Widerhall einer überspitzten Polemik gegen die Juden. Doch ist die Dramatisierung begründet in der geschichtlichen Erfahrung der Christen mit den Juden und darüber hinaus in dem starken Glauben an den Erhöhten. Je stärker die Erfahrung des Erhöhten die Christusaussagen bestimmte, um so unbegreiflicher mußte auch dessen Sterben erscheinen und damit die Ablehnung durch das jüdische Volk. Daß dieser verständliche Zug jedoch nicht die Oberhand gewinnt, läßt diese Rede selbst am besten in den Versen 17.18 erkennen.

Vers 16 geht wieder auf das Wunder der Heilung ein. Es ist begründet in Gottes Heilshandeln, wie es der Glaube bekennt, wie umgekehrt der Glaube durch das Wunder als glaubwürdig erwiesen wird. Der Glaube an den Namen Jesu Christi ist der Glaube an den, der im Glauben der Kirche bekannt wird.

Vers 17 dürfte zur Erinnerung an Lk 23,34 formuliert sein, Vers

18 an Lk 24,26.27.46. Beide Aussagen bedingen sich. Doch kommt der zweiten als der eigentlichen theologischen Begründung das Hauptgewicht zu.

In den Versen 19.20 geht es um die Folgerung für die Zuhörer, näherhin um die Aufforderung zur Buße und Umkehr. Das Ziel ist die Sündentilgung und zum anderen das endzeitliche Heil des wiederkommenden Christus. Beide Sätze ergänzen sich. Der erste greift Lk 24,47 auf, der zweite will mit Hilfe einer vorgegebenen Eliastradition die lukanische Eschatologie anklingen lassen, wie sie in Lk 17,20–37 und 21,5–36 dargestellt ist.

Nachdem vorher so stark die Erniedrigung Jesu betont wurde, wird durch die Parusieaussage der Kontrast zwischen »Erniedrigung und Erhöhung« dargestellt. Im Ruf zur Umkehr hält Lukas am einfordernden Charakter des endzeitlichen Glaubens fest, weil Jesus allein der wahre Heilbringer ist. Nach den lukanischen Eschatologiereden ist dieser Menschensohn schon jetzt im Himmel erhöht, und seine Wiederkunft wird allgemein sichtbar machen, was bereits seit Ostern gilt. Schließlich wird die Geschichte »unter dem Heilsplan Gottes« gesehen, wie er sich im dritten Evangelium zeigt: Gott selber lenkt die Heilsgeschichte und führt sie auf ihr letztes Ziel hin. Im Bußruf der Rede kommt die nachösterliche Zeit zur Sprache, nach der dem Volk Israel die Möglichkeit zur Umkehr offen steht. Für die Adressaten der Apostelgeschichte wird so nicht nur dargestellt, daß die Juden trotz ihrer Ablehnung des irdischen Jesus nach Pfingsten noch eine Möglichkeit zur Umkehr erhalten hatten, sondern auch, daß die Christen selbst dieser Möglichkeit ihre eigene Umkehr zu verdanken haben. In Vers 21 wird das endzeitliche Geschehen als schriftgemäß ausgesagt. Damit ist die Möglichkeit geschaffen, die folgenden Schriftaussagen anzufügen (VV. 22–25). Alles Heil und die Zugehörigkeit zu Gottes Volk hängt an der Person Jesu.

Vers 25 betont die hervorragende Stellung des alten Gottesvolkes, so daß in Vers 26 die vorrangige Bedeutung des Christusgeschehens für die Juden ausgesprochen werden kann. Für die Adressaten der Apostelgeschichte deutet das »Zuerst« an, daß das Heil nicht auf das jüdische Volk begrenzt bleibt und somit der Weg der Heiden-Christen von Anfang an mitgedacht ist. Inhaltlich gibt dies schon Apg 2,39.40 wieder.

Die Heilung eines Gelähmten und deren Interpretation in Apg 3,12.16 dienen Lukas als Ausgang zu einer Rede über das Christusgeschehen mit verschiedenen Rückbezügen auf das dritte Evangelium. Im Vergleich zur ersten Petrusrede ist der Verfasser der Apostelgeschichte bestrebt, inhaltlich gleiche Aussagen im Ausdruck zu variieren. Gegenüber der Pfingstrede, in deren Mitte die Verkündigung der Auferstehung steht, ist hier besonders das Fehlverhalten der Juden hervorgehoben, das aber letztlich durch eine noch betontere Aussage über den Heilsplan Gottes weit überboten wird. Diese verschiedene Akzentuierung ist durch die andere Zuhörerschaft bedingt. Ging es in der Pfingstrede um die Ausweitung des Heilsangebotes an die universale Judenschaft auf Grund der apostolischen Geisterfahrung, so richtet sich hier die Rede an das Volk (Apg 3,9.11), und das im Tempelbereich, seiner wichtigsten Kultstätte. In diesem Volk und in seiner Stadt hat sich die Passion Jesu ereignet. Deswegen kann es auch an dieser Stelle der Apostelgeschichte mit aller Deutlichkeit gesagt werden, aber nicht als das letzte Wort, sondern als Ausgang für eine neue Erfahrung des Heilshandelns Gottes. Auf die Adressaten der Apostelgeschichte hin gesehen, verkündet Lukas diesen in Form geschichtlicher Darstellung den Glauben mit den ihnen vertrauten Begriffen und Worten.

Petrus und Johannes vor dem Hohen Rat (4,1–22)

Es kann angenommen werden, daß Apg 4,1–22 und 5,17–42 ein einziges Traditionsstück über Verhaftung und Verhör vor dem Hohen Rat zugrunde liegt. Lukas hat aus dieser einen Erzählung zwei Szenen der selben Thematik komponiert, die wiederum fest mit der Heilsgeschichte verbunden werden. Die dadurch entstandene Komposition steigert den dramatischen Ablauf der Geschehnisse. Die Heilung führt in der vorhergehenden Rede zur Verkündigung des umfassenden Heilsplanes. Vor dem Hohen Rat lösen Anlaß und Verkündigung die erste große Auseinandersetzung mit der jüdischen Obrigkeit aus. Den Aposteln widerfährt das Schicksal Jesu. Es erfüllt sich das Wort in Lk 12,11.12, und darum wird Petrus in Apg 4,8 als vom Heiligen Geist erfüllt bezeichnet. Der

Glaube bildet die Grundlage dessen, was der Geist zu reden eingibt.

Die Rede ist ganz von der Situation her geprägt und greift schon bekannte Aussagen auf. In der Anrede wird Vers 5 aufgenommen. Der erste Satz ist als Antwort auf die Frage in Vers 7 gedacht. Das Hauptgewicht liegt auf »ihr sollt wissen«, dessen Bedingung im Wenn-Satz angegeben ist.

»Vernommen werden« steht auch Apg 12,19; 17,11; 24,8; 28,18 und stellt hier eine Beziehung zwischen dem Verhör Jesu und der Apostel her (Lk 23,14). Ebenso kann auch durch »eine gute Tat« (im Neuen Testament nur noch 1 Tim 6,2) eine Verbindung zur Wohltätigkeit Jesu hergestellt sein, wie sie in Apg 10,38 beschrieben wird. »An einem kranken Menschen« nimmt Apg 3,2 auf und ist in Verbindung mit Lk 10,9 und Apg 5,15.16 zu sehen. Die Wiederholung »durch wen er geheilt worden ist« übersteigt durch Apg 2,21.40.47 den Anlaß und wird zur Frage nach dem Grund des Heils schlechthin.

Durch »ihr alle sollt wissen« in Vers 10 sind die Anwesenden einbezogen, und durch »das ganze Volk Israel« wird der Rahmen überschritten und Israel wie in Apg 2,36 in seiner Gesamtheit angesprochen. »Im Namen Jesu Christi« geht über Apg 4,7 und 3,16 auf 3,6 zurück. Wie schon in der vorhergehenden Rede werden auch hier traditionelle Glaubensaussagen über Tod und Auferstehung mit den Aussagen über die Heilung verbunden, so daß sich beides durch die lukanische Komposition gegenseitig interpretiert und begründet. In Vers 11 formuliert der Verfasser der Apostelgeschichte mit Hilfe von Ps 118,22 einen bekennenden Lobpreis, in dem nochmals die Bedeutung Jesu im Gegensatz zu dessen Abweisung durch die Angeredeten zum Ausdruck gebracht wird. Der letzte Vers der Rede, ursprünglich wahrscheinlich eine Entgegnung auf die Worte des Hohen Rats in Apg 5,28, dient dem Aufweis des einzigmöglichen Weges zum Heil. Damit überbietet Lukas den konkreten Anlaß der Rede und macht die Wundergeschichte transparent für das Heil aller. Zur Verhandlung steht mehr als das Wunder der Apostel, nämlich die grundsätzliche und alleinige Heilsbedeutung Jesu Christi. Die Darstellung der Apostelgeschichte erreicht einen ersten Höhepunkt jenes Prozesses, der zur Lösung vom Judentum führt. Für die Leser der lukanischen

Schriften wird nicht nur dargestellt, welchen Weg das Bekenntnis zu ihnen zurückgelegt hat, sondern auch, daß die Verkündigung des Heilsgeschehens Schicksalsgemeinschaft mit Jesus bedeutet.

Gebet der Urgemeinde um Furchtlosigkeit (4,23–31)

Das Gebet hat eine Vorlage im Gebet des Hiskija Jes 37,16–20 (vgl. 2 Kön 19,15–19). Lukas macht den traditionellen Text seiner bisherigen Darstellung dienstbar. Im Unterschied zu Jes 37,20 läßt Lukas die junge Gemeinde nicht um Rettung bitten, sondern um freimütige Verkündigung des Wortes Gottes. Untrennbar mit der Verkündigung steht Gottes wunderbares Handeln in Jesus Christus. Wie schon im ersten Kapitel führt auch hier das Gebet zu einer überwältigenden Erfahrung der Nähe Gottes, zu einem neuen Pfingsten (V. 31). Gottes Geist befähigt zu einer mutigen Verkündigung des Wortes. Lukas wird es noch oft betonen.

Die Gütergemeinschaft der Urgemeinde (4,32–37)

Vers 32a stammt aus dem ersten Sammelbericht (2,44a). Wie dort die Bemerkung »und hatten alles gemeinsam« (2,44b) muß hier die Wendung »sondern sie hatten alles gemeinsam« (V. 32c) als Interpretament des Lukas verstanden werden. Denn ursprünglich ist nur die Rede davon, daß die Besitzenden zugunsten ihrer armen Mitbrüder auf ihr Eigentum verzichteten (VV. 32b.34.35). Vers 33 geht im wesentlichen auf die Vorlage von 5,12 und auf 2,47a zurück. Die Verse 32b.34 und 35 bieten einen kurzen Bericht über die Liebesfähigkeit innerhalb der Urgemeinde von Jerusalem, die im Zusammenhang mit der folgenden Notiz über Barnabas (4,36) und der Erzählung über Hananias und Saphira (5,1–10) zu sehen ist. Lukas steigert die ursprüngliche Unterstützung der Armen zur Gütergemeinschaft: Die Gemeinde der Gläubigen ist Gütergemeinschaft.

Lukas – Evangelist der Armen

Lukas ist konsequenter Anhänger einer Kirche freiwilliger Armut. Maria besingt, daß Gott die Hungernden beschenkt und die Reichen leer ausgehen läßt (Lk 1,53). Jesus ist nicht in einem Machtzentrum oder in einem Palast geboren, sondern in einem Stall. Programmatisch wird angesagt, daß Jesus Christus von Gott gesandt ist, um den Armen eine gute Nachricht zu bringen (Lk 4,18). Für Lukas ist Nachfolge und Gemeinschaft mit Jesus identisch mit »alles zurücklassen« (Lk 5,11; 5,28). In den Seligpreisungen geht es wirklich um die Habenichtse und Hungerleider (Lk 6,20.21) und gegen die Reichen und Satten (Lk 6,24.25). Reichtum erstickt Gottes Wort (Lk 8,14). Wie Bettelmönche, völlig besitzlos, sollen die Boten des Gottesreiches zu den Menschen gehen (Lk 9,3 und 10,4). Jede Art von Habgier und Vermögen wird als falsch angesehen, selbst die Sorge um das Lebensnotwendige (Lk 12,13–32), vielmehr soll der Christ seinen Besitz verkaufen und den Armen geben (Lk 12,33; vgl. Lk 12,24). Die Gastfreundschaft hat den Armen, Krüppeln und Blinden zu gelten (Lk 14,13). Keiner kann ein Jünger Jesu sein, wenn er nicht auf allen Besitz verzichtet (Lk 14,33). Der Christ kann nicht Gott und dem Mammon dienen (Lk 16,13). Vor Herzlosigkeit des Reichen gegen den Armen wird im Gleichnis vom armen Lazarus eindringlich gewarnt (Lk 16,19–31). Besitz und Nachfolge, Reichtum und Gottesreich schließen einander aus (Lk 18,18–30). Die Tischgemeinschaft mit Jesus Christus führt zum Teilen mit den Armen (Lk 19,8). Der sorglose Verzicht der armen Witwe auf alles, was sie besaß, ist beispielhaft für die Christen (Lk 21,1–4). Auf diesem evangelischen Fundament ist es nur konsequent, wenn Lukas in der Apostelgeschichte die Gütergemeinschaft der Urgemeinde als Zeichen dafür ansieht, daß die Gemeinde der Gläubigen ein Herz und eine Seele war (Apg 4,32–37). Für Lukas ist diese Einstellung zu Reichtum und Armut und zur Gütergemeinschaft der Kirche zu Gunsten der Armen nicht ein Ideal, sondern beste Möglichkeit der Kirche zu seiner und damit auch zu unserer Zeit.

Der Betrug des Hananias und der Saphira (5,1–11)

Die Geschichte ist dem Lukas vorgegeben und von ihm überarbeitet worden. Hananias verhält sich nicht so, wie es dem lukanischen Bild von der Gütergemeinschaft entspricht. Die Geschichte erzählt sehr drastisch mit dem Motiv göttlicher Vergeltung, daß die Gemeinschaft der Gläubigen mehr ist als eine menschliche Institution, nämlich Gottes Bereich voll des Heiligen Geistes. Es geht um die Heiligkeit der Gemeinde und um die Wahrhaftigkeit ihrer Gütergemeinschaft, nicht aber um eine historische Aussage über Gottes Vergeltung.

Zeichen und Wunder der Apostel (5,12–16)

Vers 12 spricht allgemein von den Machttaten der Apostel. Diese Aussage wird aber erst mit Vers 15 weitergeführt, so daß Verse 12b–14 als lukanischer Einschub zu erkennen sind. Dieser Einschub enthält Elemente des ersten Sammelberichtes (2,42–47) und ist durch die nachfolgende Geschichte (5,17ff.) veranlaßt, zu der dieser dritte Sammelbericht überleiten soll. Verse 12a.15 sind ursprünglich Einleitung oder Abschluß eines Petruswunders, wie es etwa in 3,1ff. berichtet wird. Nunmehr ist nicht mehr nur von Krankenheilungen des Petrus die Rede und nicht mehr nur von Krankenheilungen in Jerusalem, sondern es wird verallgemeinernd gesagt, daß man Kranke und solche, die von unreinen Geistern besessen waren, auch aus den umliegenden Städten brachte und daß alle geheilt wurden.

Wunder

Die Evangelien lassen keinen Zweifel: Jesus hat unüberbietbar und oft Wunder gewirkt. Zu seiner Berufung und Sendung gehört die Erfüllung der prophetischen Verheißung nach umfassendem Heil (Lk 4,18). Das Reich Gottes bricht an, wenn Blinde wieder sehen, Lahme gehen, Aussätzige rein werden, Taube hören, Tote auferstehen und den Armen das Evangelium verkündet wird (Lk 7,22). Die Jünger bekommen den Auftrag, das Reich Gottes zu verkünden und zu heilen.

Entsprechend weiß auch die Apostelgeschichte von zahllosen Wundern der Apostel, des Petrus, des Stephanus, des Philippus, des Paulus und Barnabas zu berichten. Hinzu kommen wunderbare Ereignisse wie das Pfingstfest, die Erschütterung der Gemeinde, die Entrückung des Philippus, das Erblinden des Paulus und dessen Heilung, die Erkrankung des Herodes, die Bewahrung des Paulus vor den Folgen einer Steinigung oder Schlangenvergiftung, Befreiungsgeschichten, Visionen, aber auch Strafwunder.

Bei den Krankenheilungen werden die urchristlichen Wundertäter in Parallelität und Kontinuität zu Jesus gesehen, Petrus und Paulus als gleichwertige Krankenheiler herausgestellt. Wie bei Jesus stehen die Wunder in Zusammenhang mit der Verkündigung. Es ist Jesus Christus, der durch die Wundertäter handelt. Letztlich ist es Gottes Macht, die in den Wundern wirkt. In einer wundersüchtigen Umwelt, die an wundertätige, göttliche Menschen oder Götter in Menschengestalt zu glauben versucht ist, heben sich die Wundererzählungen des lukanischen Doppelwerkes als nüchtern und knapp ab. Neutestamentliche Wunder sind grundsätzlich christologisch und theologisch an die Verkündigung und an den Glauben gebunden. Dahinter steht die Erfahrung, daß die Begegnung mit Jesus Christus in dem sich auf ihn einlassenden Glauben umfassend Heil zu schenken vermag. Wunderbare Heilungen geschehen überall auf der Welt, wo Menschen glauben. Viele körperliche und seelische Erkrankungen sind Folge von Versagen, Isolationen, Unglück, Lebenskrisen, Verdrängungen und ungelösten Problemen. Gesundheit und Heilung hat dann immer auch etwas mit dem Zustand unseres Herzens, unserer Seele oder Psyche zu tun. Leib und Seele sind eins. Gott ist leidenschaftlich am Heil und an der Gesundheit des Menschen interessiert. Darum hat er seinen Sohn zu unserem Retter und Heiland gemacht. Das größte Wunder, das wir durch Jesus Christus erfahren dürfen, ist die gläubige Geborgenheit in Gottes unendlicher Liebe. Damit ist die umfassende Bedingung ermöglicht, heil und gesund zu werden. Der Glaube schafft keinen Heilsautomatismus. Heil und Gesundheit können nicht eingefordert werden. Sie sind Geschenk, das erfleht, erbetet und vermittelt werden muß. Zu bedenken ist, daß manche Krankheit nicht nur körperliche Gebrechen meint. Aussatz, Besessenheit, Gefängnis, Lähmung, Blindheit, Totsein können auch seelische Befindlichkeiten kennzeichnen, und deren wunderbare Heilung kann deswegen in dem Maße eröffnet werden, als der Gläubige dem heilenden Gott begegnet und die Gemeinschaft der Gläubigen erfährt. So konkret neutestamentliche Heilungswunder zu nehmen sind, so können sie auch die Verdichtung eines langen Heilungsprozesses meinen. In jedem Fall vertröstet der Glaube nicht, sondern er zielt auf das Heilwerden aller Bereiche, greifbar und gegenwärtig.

Verhaftung und Befreiung der Apostel (5,17–21a)

Geht man davon aus, daß 4,1–22 und 5,17–42 ursprünglich eine Geschichte bildeten, ist dieser Abschnitt vom Evangelisten auf dieser Grundlage gestaltet worden. Die heftige Auseinandersetzung bezieht sich auf die Auferstehungspredigt (4,2), die wunderbare Befreiung durch Gottes Hilfe ist auf Grund der traditionellen Befreiungsgeschichte 12,6–19a formuliert worden. Die Befreiung hat nur ein Ziel: Geht, tretet im Tempel auf, und verkündet dem Volk alle Worte dieses Lebens (V. 20). Der Leser kennt diese Worte des Lebens schon aus den bisherigen Reden.

Die Apostel vor dem Hohen Rat (5,21b–42)

Die Verse 21b–26 gehören mit dem letzten Abschnitt unaufteilbar zusammen. Nochmals wird das Faktum der Befreiung und des erneuten Auftretens im Tempel berichtet. Nach der Verhaftung läßt Lukas die Apostel durch Petrus ein eindrucksvolles Bekenntnis vor dem Hohen Rat ablegen (5,29–32).

Die Antwort in Vers 29 entspricht inhaltlich der Aussage in Apg 4,19, sie wurde vom Verfasser der Apostelgeschichte mit einer auf Platon zurückgehenden Wendung als Interpretation der apostolischen Verkündigung gebildet, so daß die Verdoppelung desselben Gedankens in Vers 20 einen starken Akzent setzt. Dies wird noch unterstrichen durch die Schlußworte der Rede Apg 5,32 »die ihm gehorchen«. Gemeint ist nach Apg 4,19 der Gehorsam gegenüber dem offenkundigen Heilshandeln Gottes. Dieses kommt vornehmlich im Glaubensbekenntnis der Kirche zur Sprache, dessen Kurzfassung Lukas im folgenden formuliert. Durch »der Gott unserer Väter« wird das Handeln Gottes im Alten Bund angedeutet. Betont wird die Auferweckungsaussage an den Anfang gestellt, denn es geht um das Bekenntnis des Handelns Gottes an Jesus Christus und erst in zweiter Linie um die auf die Zuhörer hin formulierte Tötungsaussage. In der Erhöhungsaussage wird betont die Christusprädikation »Herrscher und Retter« eingebracht. Die Würdestellung Jesu ist in der Erhöhung begründet. Dies darf nicht als Gegensatz etwa zu Lk 2,11 gesehen werden. Hier gilt vielmehr, was schon zu Apg 2,36 gesagt wurde: Auferweckung und Erhöhung Jesu sind der Grund nicht nur für alle christologischen Titel, sondern auch für eine angemessene Sicht des gesamten Christusgeschehens, also auch des irdischen Lebens Jesu. Die Bestimmung Jesu zum Herrscher und Retter bezieht sich vor allem auf die Bedeutung Jesu für das Heil der Welt. Die in den Christustiteln enthaltene Wirklichkeit besteht in der Gabe der Umkehr und in der Sündenvergebung für das Volk Israel. Gottes Heilshandeln an Jesus Christus ist Heilshandeln an Israel. Die Zeugenformel ist entsprechend der Situation, die nach einer Angabe des Grundes für das Wirken der Apostel verlangt, an den Schluß gestellt. Die mit dem Einleitungssatz und der Zeugenaussage eingeschlossenen Sätze über das Handeln Gottes werden zur Bestimmung Gottes, dem Gehorsam geschuldet wird, und zum Inhalt dessen, was zu bezeugen ist. Gleichzeitig wird an den Auftrag Jesu in Lk 24,48 erinnert. Darin ist auch die Wendung über den Heiligen Geist begründet. So entsteht der Eindruck, daß der Verfasser der Apostelgeschichte diese Rede nach Lk 24,46–49 strukturiert: Tod, Auferstehung, Bekehrung, Sündenvergebung, Zeugenschaft, dazu Gabe des Geistes. Daß dabei der Heilige Geist als Zeuge neben den Aposteln genannt wird, ist singulär. Inhaltlich jedoch entspricht dieser Zusammenhang prägnant der Bedeutung des Heiligen Geistes, der nach lukanischer Darstellung entscheidend den Lauf des Wortes in der Geschichte bestimmt.

Das erneute Verhör der Apostel ist von Lukas zur Steigerung der Auseinandersetzungen komponiert. Gegenüber der vorhergehenden Gerichtsverhandlung wird die Rede nicht durch eine Frage des Hohen Rates eingeleitet, sondern durch eine scharfe Anklage (V. 28). Entsprechend ist die Antwort auf die entscheidenden Aussagen christlicher Verkündigung konzentriert. Die Reaktion des Hohen Rates ist Grimm und die Absicht, die Apostel zu töten (V. 33), was die Intervention des Pharisäers Gamaliel zu verhindern vermag. Der Verfasser der Apostelgeschichte will seinen Lesern deutlich machen, daß die apostolische Verkündigung des Glaubens, und damit ihr eigener Glaube, aus Gott ist (V. 39) und selbst Verfolgungen das Bekenntnis nicht aufhalten können. Darüber hinaus bedeutet die Szene die letzte Stufe vor der Stephanusgeschichte, durch die die Abwendung der Christen von Jerusalem eingeleitet wird.

Die Wahl der Sieben (6,1–7)

Hinter den sehr stark von Lukas geprägten Versen wird eine Tradition sichtbar, die ursprünglich das Auftreten des Stephanus und des Philippus einleitete.

Hellenisten
Entgegen der lukanischen Tendenz, die Urgemeinde als einmütig und vorbildlich in der Armenfürsorge darzustellen, wird in Apg 6,1–7 ein Konflikt zwischen Hebräern und Hellenisten überliefert, dessen Rekonstruktion nicht leicht ist. Wahrscheinlich gab es in Jerusalem neben dem aramäisch-sprechenden Gemeindeteil einen relativ selbständigen Gemeindeteil von griechisch-sprechenden Juden-Christen, der nicht von den Zwölf, sondern von einem Siebenergremium geleitet wurde. Bei diesen »Hellenisten« handelt es sich ursprünglich um Juden aus der Diaspora des griechischen Sprachraumes. Sie waren aus Liebe zum Tempel und zum jüdischen Gesetz nach Jerusalem gezogen. Vermutlich nahmen sie Anstoß an den Mißständen des Tempelkultes und kleinlichen Praktiken

der Gesetzesauslegungen, so daß sie für das tempel- und gesetzeskritische Verhalten Jesu aufgeschlossen waren und dieses kritische Potential auch als hellenistische Juden-Christen in der Urgemeinde wach hielten. Sie wurden verfolgt und aus Jerusalem vertrieben und betrieben als erste Mission unter Nicht-Juden. Es kam zu Spannungen. Der von Lukas berichtete Konflikt in der Versorgung der hellenistischen Witwen dürfte durch deren ungesicherte Verhältnisse hervorgerufen sein. Waren sie doch als Fremde oder Neuzugezogene in Jerusalem eher ohne Verbindungen, ohne den Schutz und die Hilfe ansässiger Verwandter einer größeren Not ausgesetzt. Für Lukas ist der Konflikt Anlaß für die Einsetzung der Sieben, die in Wirklichkeit schon vorher dem hellenistischen Teil der Jerusalemer Gemeinde vorstanden, das Wort verkündigten und vor allem für die Armen sorgten. Lukas vermeidet den Amtstitel »Diakon«, bezeichnet aber ihre Tätigkeit als Dienen oder Dienst (= Diakonie).

Lukas kommt es darauf an, die Sieben von den Autoritäten der Zwölf eingesetzt zu sehen und somit die beiden Glaubensverkündiger Stephanus und Philippus den Aposteln unterzuordnen, indem er sie durch die Apostel erwählt und eben nicht zur Verkündigung, sondern nur zum karikativen Dienst bestellt erscheinen läßt. Schließlich wird der Abschnitt in Vers 7 summarisch abgerundet. Er korrespondiert mit Vers 1. Die Ausbreitung des Glaubens in Jerusalem kann nach der Beilegung der Auseinandersetzung ungehindert und gottgewollt voranschreiten.

Die Verhaftung des Stephanus (6,8–15)

In Apg 6,8 – 7,1.54 – 8,3 verarbeitet Lukas einen Bericht über die ungesetzliche Hinrichtung des Stephanus. Das Ganze wurde so ausgestaltet, daß die Adressaten Jesu Lebensweg im Schicksal der frühkirchlichen Verkünder wiedererkennen sollen. So erfüllt sich an Stephanus, was in der zweiten Eschatologierede des dritten Evangeliums über die Verfolgungen der Christen gesagt wird (Lk

21,12–19). Die Darstellung des Martyriums des Stephanus übernimmt Motive des Verhörs Jesu vor dem Hohen Rat aus Mk 14,53–65 und des Todes Jesu nach Lk 23,34.46 und überträgt Mk 14,57–58 auf Stephanus. Lukas will dadurch aussagen: Im Leiden des Stephanus wiederholt sich die Passion Jesu. Stephanus wird zum Beispiel des christlichen Märtyrers. Die Stephanusrede, vordergründig eine »Verteidigungsrede«, ist im Sinne des dritten Evangelisten die Erfüllung dessen, was in Lk 12,11.12 (vgl. 21,12–15) verheißen ist. Das, was der Heilige Geist zu sagen eingibt, ist letztlich nichts anderes als das Bekenntnis der Kirche zu Gottes Geschichte, die durchsichtig gemacht wird für das Schicksal Jesu und seiner Verkünder und für das Fehlverhalten des Volkes Israel. Die Auseinandersetzung mit dem Judentum erscheint als Auseinandersetzung um das Heilshandeln Gottes in der Geschichte. Inhaltlich geht es in der Form geschichtlicher Darstellung darum, wie das Handeln Gottes an den Vätern in Jesus Christus bekannt oder abgelehnt wird.

Was so zur Darstellung gelangt, ist für Lukas nicht ein Gestaltungsmoment unter vielen, sondern wird von ihm gewichtig eingeordnet. Vorbereitet ist die Stephanusgeschichte durch die zweimalige Verhaftung der Apostel und deren Verhör vor dem Hohen Rat (Apg 4,1–22; 5,17–42), wodurch bereits der Bruch mit den Führern des jüdischen Volkes eingeleitet wird. In Stephanus werden nicht nur die Apostel verfolgt, sondern alle Verkünder.

Nicht nur die jüdische Obrigkeit verhält sich gegen sie, sondern unterschiedliche Gruppen verbünden sich und hetzen das Volk auf. Nicht das tatsächliche Verhalten der Angeklagten wird zum Gegenstand der Verhandlung, sondern falsche Zeugenaussagen.

Die Rede des Stephanus (7,1–53)

Lukas beginnt die Rede mit »der Gott der Herrlichkeit« (vgl. Ps 29,3). Der Ausdruck gewinnt seine Bedeutung durch Vers 55: Der Gott, der dem Abraham erschienen ist, ist der gleiche, der seine Herrlichkeit den Stephanus sehen läßt. Die Redesituation wird durch »in dem ihr jetzt wohnt« berücksichtigt. Die Patriarchen erhalten durch »eifersüchtig« eine negative Wertung, die ganz in der lukanischen Tendenz der Rede zu sehen ist, wie es die Verse

51–53 am deutlichsten zu erkennen geben. Dort läßt Lukas sich durch die Tradition über Stephanus leiten, so daß er die vorgegebene negative Wertung der Väter auf diesen Text zurückwirken läßt. In Vers 10 wird »Gunst« durch »Weisheit« ergänzt. Beide Begriffe dienen in Lk 2,40.52 zur summarischen Zwischenbemerkung über das Kind Jesus (vgl. Lk 7,35; 11,31.49). Stephanus selbst wird als Mann voll Weisheit dargestellt (Apg 6,3), dessen Weisheit keiner zu widerstehen vermochte (Apg 6,10; vgl. Lk 21,15). Josef wird damit transparent für Jesus und Stephanus und das Verhalten der Väter für die ablehnende Haltung der Juden in der Gegenwart.

7,17 charakterisiert die Zeit der Verheißung. In den Versen 7–43 wird die Person des Mose von Lukas hervorgehoben und im Gegensatz zu ihm das Fehlverhalten der Väter. Der Verfasser der Apostelgeschichte folgt hier der Argumentationsweise, wie sie in späteren jüdischen Geschichtserzählungen häufig bis ausschließlich zu finden ist. Die Geschichte wird nach Analogien und Beispielen abgesucht und ausgewertet. Wichtig ist die betonte Herausstellung des Mose als desjenigen, der im rechten Augenblick geboren wurde (V. 20), der gewaltig in Worten und Taten war (V. 22), durch dessen Hand Gott die Erlösung geben will (V. 25), der Unrecht verhindern möchte (V. 26), den Gott als Führer und Retter gesandt hat (V. 35), der herausführte, indem er Wunder und Zeichen tat (V. 36), der zum Vorbild des kommenden Propheten wird (V. 37), der bei der Versammlung des Volkes in der Wüste als Vermittler zwischen dem Göttlichen und den Vätern stand (V. 38).

Betont ist das Verhalten der Väter, die nicht begriffen, daß Gott ihnen durch Mose Rettung bringen wollte (V. 25), die Mose verstießen, als dieser Frieden stiften wollte (VV. 26.27), ihn verleugneten (V. 35) und nicht gehorsam sein wollten, ihn abwiesen und ihr Herz nach Ägypten zurückwandten (V. 39), die von Aaron selbstgemachte Götter verlangten (V. 40), solche herstellten und sich über das Werk ihrer Hände freuten (V. 41). Das Unglück des Volkes wird als Vergeltung Gottes gesehen, die Heilsgeschichte schlägt um zur Unheilsgeschichte, so wie es im Buch Amos geschrieben steht (VV. 42.43). Mose wird zum Typus für den Retter Jesus, aber auch für Stephanus, dagegen wird das Verhalten der Väter als typisch gesehen für das Verhalten des Volkes Israel an Jesus und dessen Verkündern.

Die Verse 44–50 bringen den Fortlauf der Geschichte. Inhaltlich wird von Lukas ein eigenständiges Thema angesprochen. Daß David Gnade vor Gott fand, gibt dessen traditionelle Wertschätzung wieder. Wenn dennoch der Tempel abgelehnt wird, darf dies nicht als Widerspruch dazu gesehen werden, sondern ist die Folge des Zusammenkommens von Traditionen und lukanischer Aussage. Das Thema »Tempel« geht auf die Anklage in Apg 6,13 ein, hebt diese nicht auf, sondern stellt sie theologisch richtig. Was in einer vorgegebenen Schriftauslegung wahrscheinlich generell zum Ausdruck kam, daß nämlich der Höchste nicht in dem wohnt, was Menschenhände gemacht haben (vgl. Apg 17,24), wird hier durch die Anklage herausgefordert zur Aussage gegen den Tempel in Jerusalem. Eine grundsätzliche Polemik gegen den Jerusalemer Tempel ist der Apostelgeschichte nicht anzumerken und ist deswegen auch hier nicht beabsichtigt. In einer Zeit, da es den Jerusalemer Tempel nicht mehr gab, ist Polemik gegen diesen auch gar nicht zu erwarten, wohl aber eine Ablehnung der heidnischen Tempel.

Die Scheltrede in den Versen 51–53 ist in ihrem Kern zur Stephanustradition zu rechnen. Daß Lukas diese heftigen Worte an den Schluß der Rede stellt, entspricht seiner Gepflogenheit. Direkt werden die Zuhörer angesprochen und beschuldigt.

Die Steinigung des Stephanus (7,54 – 8,1a)

Die Steinigung des Stephanus wurde vom Evangelisten mit der Passionsgeschichte Jesu parallelisiert: Zum »Menschensohn« in Vers 55f. vgl. Lk 22,69; zum »lauten Geschrei« in Vers 57 vgl. Lk 23,46b; zum Sterbegebet in Vers 59 vgl. Lk 23,46; zum »in die Knie sinken« in Vers 60 vgl. Lk 22,41; zur Bitte um Vergebung in Vers 60 vgl. Lk 23,34a; zum »Rufen mit lauter Stimme« in Vers 60 vgl. Lk 23,46a.

Wie Jesus Christus tat Stephanus voll Gnade und Kraft Wunder und große Zeichen unter dem Volk. Der Weisheit und dem Geist, mit dem er sprach, konnte keiner widerstehen. Wie bei Jesus führt die vom Heiligen Geist geleitete Tat- und Wortverkündigung zur

Anklage vor dem Hohen Rat. Wie Jesus wird auch Stephanus durch falsche Zeugen angeklagt. So wie Jesus letztlich nicht durch den tödlichen Widerstand seiner Gegner davon abgehalten werden kann, als Sieger der Liebe zur Rechten Gottes erhöht zu werden, so sieht Stephanus durch alle Bedrohung hindurch den Himmel offen, vom erhöhten Herrn gehalten, bestätigt. Die Blindheit gegenüber der in der Rede bezeugten Wahrheit über Gottes Heilswirken in der Geschichte und der Wahrheit über die Abgründe menschlicher Unmöglichkeiten und der konkrete Widerstand gegen das Wirken des göttlichen Geistes in seinen Zeugen führt wie bei Jesus zum blindwütigen Mordanschlag. Stephanus bekommt den Todesstoß, und wie Jesus betet Stephanus sein Sterbegebet, und wie Jesus bittet der sterbende Stephanus für seine Verfolger um Vergebung. So werden durch die Stephanusgeschichte die Christen auf Christus verwiesen. Christus wirkt und spricht durch Christen. Das Schicksal Jesu ist darum auch das Schicksal der Christen. So erzählt die Stephanusgeschichte, wie ein Christ sich zu verstehen hat: Die Liebe Gottes befähigt, das Wort Gottes im Leben zu bezeugen und Wunderbares für das Heil der Menschen zu vollbringen.

Ein Leben aus dem Geist Jesu Christi steht im Widerspruch zu dem, was normalerweise üblich ist. Denn Gottes Wort entlarvt die Bosheiten menschlichen Handelns, deckt die Erlösungsbedürftigkeit auf und macht alle Selbsterlösungsversuche zunichte. Ein Leben aus dem Geist Jesu ist bedrohtes und ohnmächtiges Leben.

Aber von Gottes unendlicher Liebe getragen, wird der Christ befähigt, nicht mehr Böses zu vergelten. In erlittenem Unrecht und in zu erleidener Gewalt betet der Christ mit Christus für seine Verfolger, für die Irrenden und Feinde.

Das Kreuz wird dort sichtbar, wo der Mensch sich seiner inneren und äußeren Wahrheit stellt. Es bringt viel Unruhe und gefährliche Situationen, wenn jemand sagt, was er denkt, wenn jemand handelt, wie er nach seinem Gewissen handeln muß, wenn einer zu leben beginnt, was sein Herz ihm vorschreibt. Es wird gefährlich, wenn jemand für Jesus Partei ergreift und sich auf die Seite der Wahrheit stellt. Es bedeutet Unfrieden, Ablehnung und Kopfschütteln, wenn einer beginnt, Christus konsequent zu folgen, dessen Lebensmaßstäbe umzusetzen und nur noch Gott zu gehorchen und nicht mehr den Zwängen und Erwartungen der anderen. Gottes Ruf ist unbequem und wie eine Zumutung. Aber sein Leben findet nur der, der sich ganz auf Gottes Wort einläßt. Alles andere ist Sklaverei, Unfreiheit, ein Leben der Uneigentlichkeit. Für die Wahrheit Gottes einzustehen und vielleicht sogar zu sterben, ist besser als alle Anpassung, die zur Lebenslüge und Unbeweglichkeit verführt.

Verfolgung und Zerstreuung der Urgemeinde (8,1b–3)

Mit der Steinigung des Stephanus schließlich bricht eine schwere Verfolgung über die Kirche von Jerusalem an (Apg 8,1), und mit der Zerstreuung beginnt die in Apg 1,8 genannte zweite Phase der Christusverkündigung. Darüber hinaus hat die Verknüpfung der Stephanusgeschichte mit der Gestalt des Paulus (Apg 1,8) den weiteren Verlauf der Verkündigung bis an die Grenzen der Erde (Apg 1,8) vor Augen.

Der so herausgestellte Wendepunkt im Verhältnis der Urkirche zum Judentum muß als besonders geeignet erscheinen, in diesem Zusammenhang vor allem die Aussagen über Gottes Handeln an den Vätern herauszustellen und diese dahingehend auszuformen, daß das Fehlverhalten des jüdischen Volkes gegenüber Jesus Christus und dessen Anhängern bereits in seiner vergangenen Geschichte vorgezeichnet erscheint.

III. Die Kirche in Judäa und Samarien (8,4 – 12,23)

Philippus als Missionar in Samaria (8,4–13)

Mit Vers 4 beginnt sich die zweite Station der Verheißung bzw. des Auftrages aus 1,8 zu erfüllen. Die gewaltsame Zerstreuung, von der 8,1 b berichtet, kann die Ausbreitung der christlichen Botschaft nicht verhindern, sondern treibt sie voran. Die Zerstreuten werden als Wandercharismatiker zu Freudenboten des Wortes. Vers 5: Philippus, nach 6,5 einer der Sieben aus dem Kreis der Hellenisten, in Apg 21,8 auf dem Hintergrund des nun Erzählten »Evangelist« genannt, beginnt in der Haupststadt Samariens. Lukas denkt nicht an die hellenistische Stadt Samaria (= Sebaste), sondern an Sichem, deren Bewohnern nun wie den Juden Christus, d.h. Jesus als Messias verkündet wird.

Verse 6–8 bilden ein Summarium über die Aufmerksamkeit, die den Worten des Philippus entgegengebracht wird, und dessen Exorzismen und Krankenheilungen.

Wandercharismatiker
Ganz nach dem Vorbild Jesu zogen nach Ostern Apostel, Propheten und Jünger von Ort zu Ort, um heimatlos, familienlos, besitzlos und schutzlos missionierend die christliche Botschaft zu verkündigen. Sie waren die eigentlichen Autoritäten der entstehenden kleinen Hausgemeinschaften gläubiger Christen, von denen sie beherbergt und unterstützt wurden. Ihre Autorität war an keine Institution und an kein Amt gebunden. Ihre Legitimation ist allein im Ruf des irdischen und erhöhten Herrn Jesus Christus begründet. Deswegen werden sie heute gerne Wandercharismatiker genannt. In der damaligen Zeit waren sie nicht die einzigen, die umherzogen und überzeugen wollten. Viele unterschiedliche Wanderphilosophen taten es auch. Im Laufe der Zeit wurden die Wandercharismatiker mehr und mehr durch die ortsansässigen Gemeindeautoritäten verdrängt. Die schnell wachsenden Ortsgemeinden brauchten eigene Führungsstrukturen.

Schließlich war es die Sorge um die unverfälschte Weitergabe des Glaubens, die die Gemeinden veranlaßte, das Wandercharismatikertum zurückzudrängen und die Lehre ganz den ortsansässigen Amtsträgern anzuvertrauen.

Mit Vers 9 wird der Magier Simon als Kontrastfigur eingeführt. Die dahinterstehende Tradition (vielleicht nur in VV. 10 und 11 greifbar) liegt im Dunkeln. Das zweite Jahrhundert weiß um die Existenz einer simonianischen Sekte. Die daher vorausgesetzte Bedeutung des Simon als eines göttlichen Menschen mit außergewöhnlichen Wunderkräften und einer eigenen Erlösungslehre wird durch die Apg nicht gedeckt oder von Lukas heruntergespielt. Simon ist nur ein Zauberer. Er selbst hält sich für etwas Großes (vgl. 5,36).

Sollte sich der historische Simon als »große Kraft« bezeichnet haben, so muß es sich um einen Heiden mit heidnischen Anhängern handeln. Denn ein damit verbundener göttlicher Anspruch ist innerhalb des samaritischen Glaubens undenkbar. Lukas läßt Simon als Kraft Gottes sehen und ordnet ihn damit in das samaritische Umfeld ein. Während dieser die Samariter nur »aus der Fassung bringen« kann (V. 11), vermag die Verkündigung des Philippus zum Glauben und damit zur Taufe zu führen (V. 12). Selbst Simon wird gläubig. Er, der bisher alle durch seine Zauberei aus der Fassung brachte, wird nun selbst durch die großen Zeichen und Wunder aus der Fassung gebracht. Dem Evangelium vom Reich Gottes und vom Namen Jesu Christi hat sich die größte Kraft zu beugen. Nichts anderes als diese Frohe Botschaft vermag letztlich dem Volk zu helfen. Christliche Wundermacht ist grundsätzlich von anderer Art als die nicht nur in der Antike betörenden Zauberkünste selbsternannter Heilbringer. Das größte Wunder ist die Gabe des Heiligen Geistes, wie das folgende zu erzählen vermag.

Petrus und Johannes in Samarien (8,14–25)

Der Abschnitt ist von Lukas geschaffen. Dahinter steht wahrscheinlich das Wissen um die apostolische Samariter-Mission, wie es auf johanneische Weise in Joh 4,1–42 angedeutet erscheint, und vielleicht eine Tradition über das Ansinnen, geistliche Vollmacht zu erkaufen. Durch die Verse 14–17 erhält die Taufe der Samariter die apostolische Zustimmung, hervorgerufen durch Gebet und die Handauflegung zum Empfang des Heiligen Geistes. Zwar gehören ursprünglich Taufe und Geistempfang zusammen, doch erreicht Lukas durch das zu seiner Zeit vielleicht schon praktizierte Auseinanderfallen eine Betonung der alle Grenzen sprengenden freien Zuwendung Gottes und die Bindung der Mission an Jerusalem. In Wirklichkeit fiel es den Aposteln nicht leicht, ein Überschreiten der Grenzen als gottgewollt zu begreifen. Zu Gebet und Handauflegung vgl. Apg 6,6. In den Versen 18 und 19 will der durch Philippus überwundene Simon die apostolische Vollmacht erkaufen (ähnliche Ansinnen sind seitdem als Simonie verschrien). Lk 4,6 läßt diesen Versuch als teuflisch erscheinen, d.h. als eine gegen und ohne Gott egozentrische und eigenmächtige Versuchung. Entsprechend läßt Lukas den Petrus in den folgenden vier Versen in betont biblischer Sprache antworten: Vers 20 enthält eine Verwünschung: vgl. Jes 34,12; 54,16; Jer 30,18; 51,12; Bar 4,6; Ez 28,7; 29,10; Dan 2,5. Die erstrebte Vollmacht ist die Gabe Gottes, der Heilige Geist. Vers 21 spricht die Exkommunikation (Apg 26,18; Kol 1,12) aus, weil das Herz nicht aufrichtig (Ps 77,37; auch Apg 13,10) vor Gott (vgl. Lk 1,8) ist. Vers 22 enthält die Aufforderung zur Abkehr (Jer 8,6) von der Bosheit und zum Gebet um Vergebung. Vers 23 beschreibt nochmals den Grund der Abkehr als innere Befindlichkeit mit Formulierungen aus Dtn 29,17 und Jes 58,6.

Die Antwort in Vers 24 zeigt an, wie wirkungsvoll die Rede ist. Simon bittet um das fürbittende Gebet der Apostel. Dabei läßt Lukas offen, daß der historische Simon einen anderen Weg ging. Vers 25 beurteilt abschließend das Geschehen des Abschnittes als Zeugnisgeben und Verkündigung des Wortes des Herrn und beschließt das Ganze mit einer summarischen Bemerkung über die evangelische Tätigkeit der Apostel auf dem Weg nach Jerusalem.

Die Taufe des Äthiopiers (8,26–40)

Die Erzählung ist, abgesehen von Vers 40, dem Lukas vorgegeben, aber von ihm sehr stark gestaltet worden. Dabei läßt er sich von Erzählmotiven der Emmauserzählung in Lk 24,13–35 leiten, um eine Identität der beiden verschiedenen Geschichten anzudeuten.

»Beide Geschehnisse ereignen sich auf dem Wege; Philippus schließt sich wie Jesus den Fremden an, beide leiten durch Fragen ein Gespräch ein, das sich zu einer Schrifterklärung entwickelt; den Abschluß bildet hier die Taufe, dort das Mahl ... Beide Erzählungen ... sprechen in die Zeit der Kirche hinein. Nicht ohne Absicht wird dabei die formale Ähnlichkeit beider Geschichten die Identität der Sache unterstreichen wollen« (*J. Wanke,* Die Emmauserzählung). Im legendenhaften Stil wird von der Taufe eines Heiden durch den hellenistischen Evangelisten Philippus als göttlicher Intervention berichtet. Die Erzählung konkurriert mit der Überlieferung der Korneliusgeschichte in Kapitel 10. Für Lukas bilden die Samariter-Mission und die Taufe des Äthiopiers eine Vorstufe auf dem Weg zu den Heiden durch den Apostel Petrus. Vers 26 qualifiziert das folgende Verhalten des Philippus als göttliche Eingebung, der ein sofortiger Vollzug entspricht (V. 27a). Überraschender Weise befindet sich in der Gegend, die zuvor als einsam bezeichnet wurde, ein Äthiopier, gemeint ist ein Schwarzer aus Nubien und der Hauptstadt Meroë, einer Gegend jenseits der Grenzen der damals bekannten Welt, die seit einer Expedition Neros im Jahre 61–62 das Interesse der Gebildeten fesselte. Er wird an erster Stelle als Eunuch (= Verschnittener) bezeichnet. Die Bezeichnung findet sich noch in den Versen 34, 36, 38 und 39, so daß daran das Interesse der Erzählung hängt: Gott selbst setzt Dtn 23,2–9 mit dem Verbot, einen Eunuchen in das Volk aufzunehmen, außer Kraft und erfüllt die Verheißung von Jes 56,3–5.

Er ist ein »Mächtiger« (Lk 1,52) der Kandake. Mit Kandake wird eine nubische Königin bezeichnet, die zeitweise für ihren Sohn die Herrschaft führt. Die Macht des Äthiopiers wird durch einen Relativsatz erläutert: Er ist Schatzmeister. Er kommt von einer Wallfahrt nach Jerusalem zur Verehrung des wahren Gottes (vgl. Apg 24,11). Auf der Rückreise des Äthiopiers, während dessen Lektüre des Propheten Jesaja, tritt nach erneuter göttlicher Eingebung Philippus an den Wagen. Der antike Mensch liest laut. Dadurch wird Frage und Antwort ermöglicht und damit die Einladung zur Einführung in das Schriftverständnis (vgl. Joh 16,13). Die Grundlagen der Mission werden genannt: Anbetung des einen Gottes, intensives Interesse an der Schrift und Einführung in das Schriftverständnis. Die für eine christologische Schriftauslegung wichtige Stelle wird nunmehr in den Versen 32 und 33 nachgetragen: Jes 53,7b.8. Tod und Auferstehung Jesu und seine darin begründete zahllose Jüngerschaft sind das Thema.

In der Bemerkung der zur Verkündigung führenden Frage (V. 34) »von sich selbst oder von einem anderen« könnten die unterschiedlichen Interpretationen des Judentums mitspielen: im griechisch-sprechenden Judentum findet sich die Deutung des Gottesknechtes in Jes 53 auf Israel hin, im palästinischen Judentum eine messianische. Ausgehend von der Schriftstelle wird das Evangelium Jesu verkündigt (V. 35), im Sinne des Lukas so, wie es sein Evangelium und die Reden der Apostelgeschichte beinhalten. Die Verkündigung führt zum Begehren der Taufe (V. 36). (V. 37 ist eine Ergänzung späterer Handschriften, die deren eigene Taufpraxis einbringen.) Nach der Taufe (V. 38) geschieht eine Entrükkung durch den Geist: vgl. 2 Kön 2,16; Ez 11,24. Zu »er sah ihn nicht mehr« vgl. 2 Kön 2,12b. Im Kontrast zur »einsamen Gegend« in Vers 26b ist es nun ein Weg »voll Freude« (V. 39b). Er ist auf dem Weg zu den Grenzen der Erde (1,8). Die summarische Bemerkung in Vers 40 ermöglicht später 21,8. Dahinter steht wohl das Wissen um die Gründung christlicher Gemeinden in den hellenistischen Gebieten der Küstenebene durch den Evangelisten Philippus.

Die Bekehrung des Saulus (9,1–22)

Von Paulus war bereits in Apg 8,1a und vor allem in Apg 8,3 die Rede. Die Erzählung von der Bekehrung des Paulus und seiner Berufung zum Missionar bildet zwischen der Erzählung vom Äthiopier und der von Kornelius die zweite Stufe auf dem Weg zur Heidenmission. In der Rede Apg 22,3–21 und 26,4–23 läßt Lukas den Paulus nochmals seine Bekehrung in abgewandelter Form und mit anderen Akzenten berichten und verknüpft auf diese Weise den Schlußteil der Apostelgeschichte mit dem Anfang des Paulusteiles. Dem Evangelisten liegt wohl eine Erzählung zugrunde, die in der Gemeinde von Damaskus entstanden sein könnte. Verschiedene Motive, wie sie in Geschichten über Bekehrungen, Berufungen, Träume, Erscheinungen und Visionen verwendet werden, haben zur jetzigen Sprachgestalt geführt. Im Unterschied zur Darstellung der Apostelgeschichte bezieht der geschichtliche Paulus seine Berufung in die Ostererscheinungen des Auferstandenen ein (1 Kor 15,8). Nach 1 Kor 9,1 hat er »Jesus, unseren Herrn gesehen«. In Gal 1,15.16 berichtet Paulus, daß Gott in ihm seinen Sohn offenbart hatte. Was Paulus durch Gottes wunderbares Eingreifen in sein Leben erfahren hat, ist historisch nicht rekonstruierbar. Aber seine Antwort war der unerschütterliche Glaube, daß Jesus Christus der Sohn Gottes ist und daß er diese Frohe Botschaft bedingungslos den Heiden zu verkünden habe.

Paulus

Paulus wurde wahrscheinlich einige Jahre nach Christus in der damals wirtschaftlich und kulturell sehr bedeutsamen Stadt Tarsus in Zilizien (Apg 9,11; 21,39; 22,3) als Sohn jüdischer Eltern (2 Kor 11,22; Gal 1,14; 2,15) geboren. Gemäß der Gepflogenheit der damaligen Zeit trug er schon von Anfang an zwei Namen, einen hebräischen, Saulus, der an den ersten König in Israel erinnert, und einen lateinischen, Paulus, der vielleicht um des Gleichklangs willen gewählt wurde. Obwohl der Name Paulus erst im Zusammenhang mit dem Bericht über die erste Missionsreise und dort mit der Erzählung über die Bekehrung des römischen Prokonsuls Sergius Paulus erwähnt wird (Apg 13,9), dürfte der Apostel ihn schon früher getragen und ihn nicht erst, wie man vermutet hat, um des großen Römers willen angenommen haben.

Als Diasporajude gehört Paulus zwei verschiedenen Welten an: der Welt des Judentums und der Welt des Hellenismus. In seinem Elternhaus hält man sich streng an die Grundsätze des pharisäischen Judentums (Apg 23,6), gehörte doch seine Familie – zum Stamme Benjamin zählend (Röm 11,1; Phil 3,5)

– zu den »Hebräern« (2 Kor 11,22; Phil 3,5), nicht zu den »Hellenisten«. Von seinem Vater ererbte Paulus das tarsische und das römische Bürgerrecht (Apg 21,39; 16,37; 22,28).

Die Liebe zum Gesetz und das Erfülltsein von dem Geist und der Kraft der jüdischen Religion müssen in ihm schon früh den Wunsch geweckt haben, selbst einmal Gesetzeslehrer zu werden. Wohl deshalb erlernte er das Handwerk eines Zelttuchwebers oder (vielleicht richtiger) Zeltmachers (Apg 22,3), da ein Gesetzeslehrer sein Amt unentgeltlich ausüben sollte.

Sein Studium verbringt Paulus in Jerusalem zu Füßen des berühmten Rabbi Gamaliel, des Alten (Apg 22,3). In seinem Eifer für das Gesetz und für die väterlichen Überlieferungen überflügelte er selbst seine gleichgesinnten Altersgenossen (Gal 1,14; Phil 3,5f.; Apg 22,3; 26,5).

Eben daraus entstanden sein Haß und sein Vernichtungswille, mit dem er die junge Kirche verfolgte (Gal 1,13.23; 1 Kor 15,9; Phil 3,6).

Dreimal erzählt die Apostelgeschichte (Kap. 9; 22; 26) von dem für Paulus entscheidenden und auch für das Leben der jungen Kirche nicht zu überschätzenden Ereignis seiner Berufung (vgl. 1 Kor 15,8; 9,1; Gal 1,15.16).

Nachdem der Jünger Ananias ihn in Damaskus getauft hatte, ging Paulus zunächst nach Arabien (Gal 1,17). Von dort kehrte er nach Damaskus zurück. Drei Jahre nach seiner Berufung kam er nach Jerusalem (Gal 1,18). Danach begibt sich Paulus wieder in das Gebiet von Syrien und Zilizien (Gal 1,21).

Dort in Südgalatien kommt es zusammen mit Barnabas zu einer intensiven Missionsarbeit. Seit 39 n. Chr. befindet sich Paulus in Europa und missioniert zunächst in Philippi und Thessalonich. Im Jahre 41 ergeht das Judenedikt des Kaisers Claudius. Um 41 verfaßt Paulus in Korinth den ersten Brief an die Thessalonicher. Vor oder nach der Mission in Griechenland wurden die Gemeinden in Galatien gegründet. In Antiochien kommt es zu einem schwerwiegenden Zwischenfall, weil konservative Juden-Christen verlangen, die dort übliche

Tischgemeinschaft von Juden- und Heidenchristen einzustellen. Dies mag der unmittelbare Anlaß für den zweiten Jerusalembesuch des Paulus (Gal 2,1) und für das sogenannte Apostelkonzil (im Jahre 50) gewesen sein. Paulus wird ausdrücklich als Heidenmissionar bestätigt und anerkannt (Gal 2,9). Anschließend besucht Paulus seine Gemeinden, um für die Armen in Jerusalem Geld zu sammeln. In Ephesus schreibt er den ersten Korintherbrief, es kommt zu einem mißglückten Kurzbesuch in Korinth. Nach 2 Kor 1,9 befindet sich Paulus wohl in Ephesus in Todesgefahr (Gefangenschaft).

Kurz darauf, zwischen 50 und 55, reist Paulus nach Troas, Mazedonien, Korinth und schließlich nach Jerusalem zur Überbringung der Kollekte.

Nach Übergabe der Kollekte an die Gemeinde in Jerusalem wollte Paulus nach Rom reisen, um dort eine neue Ausgangsbasis für seine weitere Mission im äußersten Westen des Reiches, Spanien, zu gewinnen. Als er in Jerusalem zur Auslösung eines Gelübdes im Tempel weilte, wurde er von kleinasiatischen Juden erkannt und im Tumult ergriffen. Paulus wurde heimlich von Jerusalem nach Cäsarea gebracht, wo er zwei Jahre vergeblich auf einen Urteilsspruch wartete. Als der neue Prokurator Festus den Prozeß nach Jerusalem verlegen wollte, appellierte Paulus als römischer Staatsbürger an das kaiserliche Gericht und trat in Begleitung einer römischen Wachmannschaft die Fahrt nach Rom an. In der Hauptstadt wurde er in leichter Haft gehalten, so daß es ihm möglich war, seine Apostelarbeit fortzusetzen.

Was diese letzte Zeit seines Lebens angeht, so sind wir auf die Bemerkungen der Pastoralbriefe und auf die Tradition angewiesen. Danach kann in Rom eine Freilassung angenommen werden, so daß Paulus weitere Missionsreisen unternehmen konnte, vielleicht auch eine nach Spanien. Die Pastoralbriefe setzen eine erneute Gefangenschaft in Rom voraus, und die Tradition weiß zu berichten, daß der Apostel in der neronischen Verfolgung zusammen mit Petrus den Märtyrertod erlitten hat.

Verse 1–2 bilden als Einleitung einen starken Kontrast zu dem, was Paulus in der Christusbegegnung (VV. 3–9) widerfährt. Die Begegnung mit dem Göttlichen ist so lichtvoll, daß Paulus blind gegenüber dem Irdischen wird, und so umwerfend, daß aller bisheriger Halt nicht mehr zählt. Jesus ist der Herr, der erscheint, um ihn in den Dienst zu nehmen. In den Versen 18–19a geht es um die Berufung des Paulus. Das Hauptgewicht liegt auf den Versen 15 und 16, in denen Lukas den von Gott für Paulus bestimmten Weg, wie er in der Apostelgeschichte erzählt wird, im voraus und zusammenfassend anzeigt.

Dafür wird Paulus mit dem Heiligen Geist erfüllt (V. 17). In den Versen 19b–22 wird summarisch von der Verkündigungskraft des bekehrten und berufenen Paulus gesprochen, so daß das Wunderbare des ganzen Vorganges in seiner Wirkung hervorbricht.

Die Flucht des Saulus aus Damaskus (9,23–31)

In den Versen 23–25 läßt Lukas das Schicksal des Paulus so anklingen, wie es in 9,16 angezeigt und im Verlauf der Apostelgeschichte immer wieder dargestellt wird. Die Gegner sind Juden, die verwirrt sind, daß Jesus der Messias sein soll (V. 22). Lukas läßt Paulus gleich nach Jerusalem reisen (V. 26). Das völlig unerwartete Wunder der Bekehrung und Berufung des Paulus wird durch Vers 26 unterstrichen. Es bedarf der Vermittlung (V. 27), um in Jerusalem bei den Christen anzukommen (V. 28). Für Lukas wiederholt sich in Paulus das Schicksal des Stephanus (V. 29).

Der historische Paulus schreibt über den Gang der Ereignisse genauer und anders:

> »In Damaskus bewachte der Statthalter des Königs Aretas die Stadt der Damaszener, weil er mich abfangen wollte; aber ich wurde durch eine Luke in einem Korb über die Mauer hinabgelassen und entkam seinen Händen.«
> (2 Kor 11,32f.)

> »Doch als es dem, der mich von meiner Mutter Schoß ausersehen und durch seine Gnade berufen hat, gefiel, seinen Sohn in mir zu offenbaren, damit ich die Heilsbotschaft von ihm unter den Heiden verkünde, da wandte ich mich nicht sofort an Fleisch und Blut, ich reiste auch nicht hinauf nach Jerusalem zu denen, die vor mir Apostel waren, sondern ich

ging weg nach Arabien und kehrte dann wieder nach Damaskus zurück. Drei Jahre später zog ich nach Jerusalem hinauf, um Kephas kennenzulernen, und blieb fünfzehn Tage bei ihm. Einen anderen von den Aposteln aber sah ich nicht, nur den Jakobus, den Bruder des Herrn. Was ich da schreibe – fürwahr bei Gott! – ich lüge nicht. Darauf kam ich in die Gegenden von Syrien und Zilizien. Für meine Person also blieb ich den christlichen Gemeinden Judäas unbekannt. Nur vom Hörensagen wußten sie: Der, der uns einstmals verfolgte, verkündet jetzt den Glauben, den er vorher auszurotten suchte, und sie priesen Gott um meinetwillen. Vierzehn Jahre danach reiste ich wieder mit Barnabas nach Jerusalem hinauf, auch Titus nahm ich mit.«
(Gal 1,15 – 2,1)

Lukas entwickelt in Vers 31 zusammenfassend ein Bild von der Kirche, wie er es sich für seine Zeit wünscht: äußerer Friede, innere Festigung, Leben in der Furcht des Herrn und Wachstum durch die Hilfe des Herrn. Frieden ist nicht nur Abwesenheit von Verfolgung, sondern Wohlergehen im umfassenden Sinn. Furcht ist nicht lähmende Angst vor Gott, sondern meint die grundsätzliche und vollkommene Erfahrung der Nähe Gottes und der Abhängigkeit von diesem Gott, das gänzliche Ergriffensein und Überwältigtwerden von Gottes Heil, die lebensbestimmende Begegnung mit dem unfaßbaren Geheimnis des heilschaffenden Gottes. Das Wachstum der Kirche geschieht durch die Hilfe des Heiligen Geistes, wie es Lukas in der Pfingsterzählung einschließlich ihrer geschilderten Folgen entfaltet hat.

Die Aufnahme von Heiden in die Kirche (9,32 – 12,25)

Der Abschnitt enthält vor allem Petrusgeschichten. Im Rahmen der Apostelgeschichte geht es darum, die unbestrittene Autorität des Petrus mit der gottgewollten Heidenmission zu verknüpfen.

Petrus in Lydda und Joppe (9,32–43)

In den beiden Wundergeschichten wird die Erfahrung der Urkirche zur Sprache gebracht, daß sich Jesu wunderbare Heilstaten, wie sie in den Evangelien verkündet werden, im Wirken seiner Verkündiger fortsetzen. Beide Wundergeschichten führen zu Bekehrungen (V. 35) und zum Glauben vieler (V. 42). Jes 26,19 und 35,6 erfüllt sich (s. Lk 7,22). Die Heilung des Gelähmten (VV. 33–35) wird so erzählt, wie es für derartige Geschichten auch außerhalb der Bibel typisch ist. Das Besondere der Erzählung liegt darin, daß die Heilung durch das Wort geschieht, näherhin durch Jesus Christus. Ein Leben der Niedergeschlagenheit, der Unbeweglichkeit wird durch Jesus Christus von der Lähmung zur Auferstehung befreit, auf die Füße gestellt, verkrüppeltes Leben wird heil. Die Totenerweckung (VV. 36–42) muß auf dem Hintergrund von 1 Kön 17,17–24 und 2 Kön 4,32–37, vor allem aber von Lk 7,11–17 und 8,40–42.49–56 gelesen werden. Die Zeugen Jesu setzen die Propheten-Tradition fort. In ihnen lebt Jesu lebensweckende Macht.

Sie kommt dem Hilfebedürftigen zugute, der hier der Hilfreiche gewesen ist (V. 36). Gottes Heil ist Grund der Mission und des Glaubens (V. 42). Hinter der Geschichte von einer Totenerwekkung steht der Glaube an die Auferstehung Jesu, daß das Leben nicht im Nichts endet, sondern vor Gott neu entstehen darf. Die historische Frage, ob Totenerweckungen in dieser Weltzeit wirklich geschehen können, kann den Glauben an die Auferstehung nicht berühren und die Sehnsucht des Menschen nach ewigem Leben nicht mindern. Vieles im Menschen und um ihn herum ist tot und bedarf der Auferweckung. Jesus ist der Garant neuen göttlichen Lebens.

Die Vision des Hauptmanns Kornelius in Cäsarea (10,1–8)

In Apg 10,1 – 11,18 verarbeitet Lukas ursprünglich nicht zusammenhängende Traditionsstücke. Die Geschichte über die Mahlgemeinschaft des Petrus mit den Heiden wurde von ihm in die Geschichte über die Bekehrung des Kornelius hineingestellt. In der so neu entstandenen Erzählung geht es thematisch um die erste Heidenmission des Petrus. Kornelius wird dabei als vom Herrn selbst bestimmt dargestellt. Er wird als Heide geschildert, der dem jüdischen Glauben sehr nahe steht. Lukas sieht darin eine ausgezeichnete Grundlage für den Weg des Wortes von den Juden zu den Heiden. In der Engelserscheinung bedient sich Lukas wie in Lk 1,5–25.26.38 einer biblischen Erzählform, um ein Ereignis als Einbruch des Göttlichen in die Geschichte darzustellen. Das folgende erhält dadurch heilsgeschichtliche Bedeutung von höchstem Rang.

Die Vision des Petrus in Joppe (10,9–23a)

Die Verse 9–16 enthalten eine Tradition über die Mahlgemeinschaft des Petrus mit Nicht-Juden. Durch göttliche Offenbarung wird es dem Petrus bewußt, daß vor Gott die Unterscheidung zwischen reinen und unreinen Menschen, zwischen Juden und Heiden nicht gilt. In den Versen 17–23a verknüpft Lukas die Korneliusgeschichte mit der Vision, deren Sinn durch den Geist in Vers 19 erschlossen wird.

Die Aufzählung der Tiere greift auf Gen 1,24 und 6,20 zurück. Was zur Schöpfung Gottes gehört, kann eigentlich nicht schlecht sein. Dennoch gab es Tiere, die nicht gegessen werden durften, weil sie als unrein galten (s. Lev 11; Dtn 14,3–21). Dahinter stehen Vorbehalte uralter Volksanschauungen, deren Entstehung nur schwer zu erhellen ist. Später bekamen derartige Vorurteile kultische Bedeutung und führten zu Unterscheidungsmerkmalen gegenüber den Heiden. Ez 4,12–15 zeigt eindringlich, wie schwerwiegend Speisevorschriften den Glauben betrafen. Sie verlieren ihre Bedeutung, wo es um das universale Heil geht.

Die Taufe des Kornelius (10,23b–48)

Vers 23b als Überleitung läßt die Reise des Petrus als größeren Missionszug erscheinen. Auf seiten des Kornelius werden sie von vielen erwartet (VV. 24 und 27). Es erschließt sich der gemeinsame Sinn der beiden Visionen, und Lukas läßt Petrus die erste große Rede vor Nicht-Juden halten (10,34–43).

In der aus der Korneliustradition gebildeten Erkenntnis des Petrus (VV. 34–36) nimmt Lukas Apg 3,26 auf und bringt schließlich den gleichen Gedanken in Apg 13,26 zum Ausdruck. Der Sinn dieser Verknüpfung ist nicht nur literarischer Art. Es soll den Lesern immer wieder der Ursprung des Glaubens deutlich werden, damit diese ihren Glauben in der Geschichte begründet sehen und sich selbst als das neue Volk Gottes verstehen, das seine Wurzeln im Handeln Gottes an den Söhnen Israels hat. Verse 37–39 formulieren ähnlich wie Apg 2,22. Die Leser der Apostelgeschichte sind angesprochen. Ihnen ist das Jesusgeschehen aus dem dritten Evangelium bekannt. Das Geschehen wird »im ganzen Land der Juden« lokalisiert. Gemeint ist nach hellenistischem Sprachgebrauch ganz Palästina. »Angefangen in Galiläa, nach der Taufe, die Johannes verkündet hat« entspricht dem vom dritten Evangelium stark akzentuierten Anfang Jesu in Galiläa (vgl. Lk 4,14; 23,5) und drückt zugleich die im Evangelium herausgestellte Vorläuferfunktion des Täufers aus. Dann erst wird betont der Name Jesu genannt. Mehrere Aussagen werden gemacht. Hinter »wie Gott ihn gesalbt hat mit Heiligem Geist« steht offensichtlich Lk 4,18 (= Jes 61,1). Dem geographischen Aufriß seines Evangeliums folgend, führt der Verfasser der Apostelgeschichte in Vers 39 neben dem Geschehen im Land der Juden das in Jerusalem auf. Der unbegreiflichen Tötung Jesu wird das Handeln Gottes gegenübergestellt. In Vers 41 erweitert Lukas interpretierend eine Erscheinungsaussage der Tradition. In Vers 42 drückt sich das urchristliche Verständnis der Erscheinungen des Auferstandenen aus: Die Erscheinung geschieht um der Sendung willen, um zu verkünden und zu bezeugen. Inhaltlich wird auf die Richterfunktion des Erhöhten zurückgegriffen. Wenn auf sie in der ersten Predigt vor Nicht-Juden zurückgegriffen wird, ist das in der Bedeutung dieses Gedankens der spätjüdisch-hellenistischen Mission begründet. Der Christ hat vor dem Endgericht durch Jesus Christus alle Angst überwunden. Der Sendungsauftrag wird zunächst auf Israel begrenzt. Aus kompositionellen Gründen bleibt die Erkenntnis des Petrus in der Schwebe, damit die von Gott den Heiden geschenkte Umkehr (Apg 11,18) ganz durch die unerwartete Geistsendung (Apg 10,44–48) eingeleitet wird, jedoch über den Weg der Verkündigung. Die Rede kann nicht wie bisher mit der Aufforderung zur Umkehr schließen, um dem Gang der Ereignisse nicht vorzugreifen. Eine Generation, deren Glaube im Judentum verankert ist, selbst aber im Abstand zum Judentum lebt, kann nicht den geschichtlichen Werdegang ihres Glaubens ignorieren und bedarf der theologischen Begründung der eigenen Glaubensexistenz. Die Vergebung der Sünden aller, die glauben, ist als Heilsplan Gottes durch die Schrift erkennbar und geschieht durch den Namen Jesu. Die Aussage von der Sündenvergebung und von der Bedeutung des Namens Jesu ist dem Leser längst vertraut. Vom Zeugnis des Propheten für Jesus Christus spricht Lk 24,25–27.44–47 (vgl. Apg 3,18.21). Im Rahmen der Apostelgeschichte ist die Rede das erste Zeugnis vor Nicht-Juden. Das Wort Gottes nimmt also seinen weiteren Gang. Sein Inhalt bleibt konstant trotz der sich grundsätzlich unterscheidenden Situationen und der sich daraus ergebenden Bezüge der Verkündigung, trotz der unterschiedlichen Akzente und Formulierungen. Alle Verkündigung ist gebunden an den Glauben der Kirche, in dem Gottes Heilshandeln bekannt wird, wie umgekehrt der Glaube der Adressaten in der Geschichte der Kirche verankert ist.

Die Verse 44–48 sind als Höhepunkt der von Lukas so gestalteten Korneliusgeschichte anzusehen. Die mit Petrus anwesenden Juden-Christen und die Adressaten der Apostelgeschichte dürfen und müssen erfahren, wie der Heilige Geist auch den Heiden geschenkt wird. Konsequenter Weise läßt Petrus sie taufen. Die Verkündigung unter den Heiden und die Taufe von Heiden werden somit durch Gott und die Apostel begründet und eröffnet.

Die Rechenschaft des Petrus vor der Gemeinde in Jerusalem (11,1–18)

Hinter dem Abschnitt steht eine eigene Tradition, die nach Versen 2 und 3 von einem Konflikt des Petrus in Jerusalem weiß. Für Lukas ergibt sich die Gelegenheit, durch eine Rede des Petrus nochmals die von Gott selbst gesetzte Hinwendung zu den Heiden zu rechtfertigen. Vers 18 faßt vollendet zusammen, worum es inhaltlich geht und welche Art der Beunruhigung überwunden werden soll. Juden-Christen haben keinen Grund mehr, sich vor dem Umgang mit Heiden zu fürchten, und Heiden-Christen dürfen sich durch die gottgeschenkte Umkehr zum Leben als vollwertige Anhänger Jesu begreifen.

Die Entstehung einer christlichen Gemeinde in Antiochia (11,19–26)

Der Abschnitt ist eine allgemeine Überleitung des Evangelisten mit zweifellos historisch zutreffenden vorgegebenen Elementen. So war nach Gal 2,1 Barnabas mit Paulus zusammen, bevor beide mit Titus Jerusalem besuchten. Insgesamt sind die Aussagen vorbereitet. Von Barnabas spricht bereits 4,36. In 6,5 wird erstmals der Name Antiochia erwähnt. 8,1–4 berichtet von der hier vorausgesetzten Verfolgung, und 9,30 nennt Tarsus als Aufenthaltsort des

Paulus. Durch Barnabas wird der Erfolg der Heidenmission mit Jerusalem verbunden. Dadurch werden sowohl die Überwindung der Kollekte in 11,30 als auch die von Antiochia ausgehende Mission in 13,1 ff., vor allem aber das Apostelkonzil in Kapitel 15 und die weiteren Missionsreisen in 15,36ff. ermöglicht. Antiochia bekommt somit eine Schlüsselstellung, die historisch gerechtfertigt ist. 11,19–26 gliedert sich in drei Teile: Vers 19 ist allgemeine Überleitung. Die Verse 20–21 berichten von der Griechenmission, die Verse 22–24 vom Auftreten des Barnabas, die Verse 25–26 von Barnabas und Saulus. Alle drei Teile enden jeweils mit einer summarischen Erfolgsmeldung. Der Erfolg wird theologisch als göttlicher Wille gedeutet. In Vers 26 kommt der Abschnitt zum Abschluß: Zum ersten Mal werden die Jünger in Antiochia als Christen bezeichnet. Die Eigenständigkeit dieser Gruppe ist damit signalisiert.

Die Spende der Gemeinde von Antiochia für die Christen in Judäa (11,27–30)

Zum älteren Bestand gehört die Prophetie des Agabus, von dem auch 21,10f. zu berichten weiß, ebenso das Wissen um eine gemeinsame Reise des Paulus und Barnabas nach Jerusalem, das noch in 15,2 verwendet wird (vgl. dazu Gal 2,1), und schließlich das gesicherte Faktum einer Kollektenreise des Paulus. Eine weltweite Hungersnot unter Claudius (41–54 n. Chr., Kaiser von Rom) ist nicht bekannt, wohl aber einige lokale Hungersnöte. Hungersnöte gelten als Hinweise auf die Erlösungsbedürftigkeit der Menschheit und als Boten oder Anzeichen der Endzeit (vgl. Lk 21,11). Hier dient Verheißung und Erfüllung dazu, die Solidarität der Christen in Antiochia mit der Ursprungskirche in Jerusalem auszudrücken und den Blick wieder auf Jerusalem zu richten.

Die Hinrichtung des Jakobus und die Verhaftung des Petrus (12,1–5)

Der »König Herodes« des 12. Kapitels ist in Wirklichkeit Agrippa I., als Sohn Aristobuls und Berenikes und als Enkel Herodes d. Gr. 10 v. Chr. geboren. Er verbrachte einige Jahre seines Lebens in

Rom, war zunächst ein Günstling des Kaisers Caligula, von dem er 37 n. Chr. ein begrenztes Fürstentum bekam. Nach der Ermordung des Kaisers unterstützte Agrippa die Erhebung des Claudius zum Kaiser, der ihn aus Dankbarkeit 41 n. Chr. zum König von Judäa ernannte, so daß Agrippa bis zu seinem Tod 44 n. Chr. als einziger Herodesnachkomme über fast das ganze Gebiet seines Großvaters herrschte. Nach einer Phase der Leichtlebigkeit folgte eine Zeit des Bemühens, die Zuneigung seines Volkes nicht nur durch eine rege Bautätigkeit und Großzügigkeit zu erwerben, sondern auch durch die Befolgung eines jüdischen Lebensstiles. Wie so oft in der Geschichte bindet er durch Verfolgung einer Minderheit, hier von Führungspersönlichkeiten der christlichen Gemeinde, die Mehrheit des Volkes an sich. Ansonsten verfolgte er einen Kurs zwischen Unterstützung der römischen Oberherrschaft und Förderung des jüdischen Nationalbewußtseins.

Die Hinrichtung des Apostels Jakobus durch das Schwert macht deutlich, daß nach Jahren der Freundschaft mit Rom das Recht zur odentlichen Vollstreckung der Todesstrafe wieder bei der jüdischen Staatsgewalt lag. Offenbar wurde Christsein als Verbrechen gegen das Volk angesehen. Das Martyrium des Jakobus wird äußerst knapp berichtet. Lukas geht es eben nicht um eine Darstellung des Schicksals der Apostel insgesamt. Hier führen die Verse 1 und 2 zur Geschichte von der wunderbaren Befreiung des Petrus hin. Die Verse 3–6 bereiten die Erzählung von der wunderbaren Befreiung vor. Die Terminangabe »in den Tagen der ungesäuerten Brote« bringt das Geschehen mit der Passion Jesu in Verbindung (Lk 22,1 ff.). Das Schicksal Jesu ist auch das Los des Christen. Die Lage des Petrus wird als aussichtslos geschildert. Von der Gemeinde aber wird für ihn inständig gebetet, denn der Glaube an den Gott der Befreiung weiß um die Errettung der Israeliten aus Ägypten (Apg 7,34), um die Befreiung und Auferweckung Jesu aus dem Tod (2,24) und um die Befreiung der verhafteten Apostel aus dem Gefängnis (5,17–21). Wer auf diesem Hintergrund betet, kann nicht verlorengehen, was auch immer geschieht. Für die lukanische Darstellung ist die Wundergeschichte missionarisches Mittel, die Überlegenheit des christlichen Gottes zu demonstrieren.

Die wunderbare Befreiung des Petrus (12,6–19a)

Aus der damaligen Zeit sind auch andere Befreiungs- und Türöffnungswundergeschichten bekannt. Die junge Kirche übernimmt diese literarische Form für ihre Verkündigung. Anschaulich wird der Glaube dargestellt, daß Gottes Macht größer ist als staatliche Gewalt. Dahinter steht die Erfahrung: Gott steht auf seiten der jungen Kirche. Nacht, Ketten, Gefängnis sind reale Bilder für Verlorenheit und Unfreiheit. Licht, Engel, Handeln, Überwindung von Hindernissen, offene Türen sind Zeichen göttlicher Rettung. Die Befreiung erscheint wie ein Traum. Mit traumwandlerischer Sicherheit wird die Erlösung zur Wirklichkeit. Was sich hier im Bild verdichtet, kann in jeder Befreiung erlebt werden. Die Absicht von Herodes und die Erwartung des Volkes der Juden sind zunichte gemacht worden. Das Volk der Juden wird hier wie auch sonst bei Lukas als Gegner Jesu und seiner Anhänger gesehen. Diese Einseitigkeit entspricht weder der Zeit Jesu und den ersten Jahren der Urgemeinde noch der Situation des Lukas. In der Darstellung der Apostelgeschichte bietet die Formulierung einen weiteren Mosaikstein des Weges der Kirche vom Judentum zu einem neuen Volk. Das Haus der Maria, der Mutter des Johannes Markus, wird unvermittelt genannt. Es dürfte sich um den damals bekannten Versammlungsort der hellenistischen Judenchristen handeln, ein vornehmes Haus (Magd und Außentor). Markus wird noch in 12,25; 13,5.13 und 15,37.39, aber auch in Phlm 24; Kol 4,10; 2 Tim 4,11; 1 Petr 5,13 genannt. Die Tradition sieht in ihm den Verfasser des ältesten Evangeliums. Vers 13 ff. unterstreicht das Unfaßbare der Befreiung. Gottes wunderbares Handeln bedarf der Vermittlung durch das Wort (V. 17).

In Vers 17 wird erstmals der Herrenbruder Jakobus genannt. Er galt als Haupt der Juden-Christen und als erster Bischof von Jerusalem.

Der Tod des Herodes Agrippa (12,19b–23)

Abgesehen von dem historisch nicht greifbaren Konflikt mit den Bewohnern von Tyrus und Sidon in den Versen 20.21 kann die Zuverlässigkeit des Lukas im Umgang mit geschichtlichen Fakten in diesem Fall gut durch einen Text des jüdischen Geschichtsschreibers Flavius Josephus belegt werden:

»Der König ging 44 n. Chr. nach Cäsarea zu den Festspielen zu Ehren des Kaisers. Am zweiten Tag begab sich Agrippa ... in einem Gewande, das ganz aus Silber ... in schimmerndem Glanze ... Alsbald riefen seine Schmeichler ihm von allen Seiten zu, nannten ihn Gott und sprachen: Sei uns gnädig! Haben wir dich bisher nur als Mensch geachtet, so wollen wir in Zukunft ein überirdisches Wesen in dir verehren. Der König ... wies ihre gotteslästerlichen Schmeicheleien nicht zurück. Als er aber gleich darauf den Blick nach oben wandte, sah er über seinem Haupte auf einem Strick einen Uhu sitzen und erkannte darin sogleich den Unglücksboten, ... der ihm seinen nahen Tod anzeigte ... Bald stellten sich auch heftige Schmerzen in seinem Leib ein, ... die ihn in unerhörter Weise folterten ... Noch fünf Tage ertrug er die Qual in seinen Eingeweiden, bis ihn dann endlich der Tod erlöste.«
(Übersetzung: *Clementz* II 629 f.)

Lukas steigert in Vers 22 das unerträgliche Verhalten des Volkes. Weil der König sich nicht wehrt, ist der Tatbestand der Gotteslästerung gegeben. Ganz nach dem Vorbild von 2 Makk 9 schildert der Text das Ende des Königs als Gottesgericht. Kaiser Domitian ließ sich seit dem Jahre 86 als Herr und Gott verehren. Sowohl Lukas als auch Flavius Josephus beziehen indirekt, aber offen und damit äußerst riskant, genau dagegen Stellung. Wo immer ein Mensch an die Stelle Gottes tritt, herrscht der Tod.

Was literarisch als Gottesurteil herausgestellt werden kann, sollte in Wirklichkeit nicht gläubiges Urteilen bestimmen. Zwar hat alles menschliche Tun Folgen. Mancher geht zugrunde, weil er sich zugrunde gerichtet hat. Auch entspricht es dem Gefühl der Gerechtigkeit, daß es dem Bösen schlecht ergehen wird. Was aber für menschliches Urteilen verständlich erscheint, muß nicht auch göttliches Handeln sein. Der Irrtum und das Böse müssen bekämpft werden, nicht aber der irrende und der böse Mensch. Gedanken der Rache und vernichtender Strafe sind menschlich, sollten aber nie kurzschlüssig der Beschreibung göttlichen Handelns dienen. Der Gläubige wird sich immer offen halten für Gottes barmherziges Wirken, in dem vergebende Liebe und Gerechtigkeit nicht auseinanderfallen. Es ist besser, Gottes Barmherzigkeit mit einer gewissen Einseitigkeit zu betonen, als kurzschlüssig Tun und Ergehen eines Menschen als Strafe Gottes anzusehen.

Die Rückkehr des Barnabas und des Saulus nach Antiochia (12,24–25)

Vers 24 faßt zusammen, worum es Lukas eigentlich geht (s. 6,7). Die Verfolgungen unter Agrippa können das Wort, die Botschaft nicht aufhalten. Dies darf als Ermunterung verstanden werden. Gegen alle Widerstände setzt sich die Verkündigung durch. Vers 25 knüpft direkt an 11,30 an und leitet zu Kapitel 13 über. Johannes Markus wird hier im Hinblick auf 13,5 und 13,13 genannt.

IV. Die Kirche unter den Völkern (13,1 – 28,31)

Die Aussendung des Barnabas und des Saulus (13,1–3)

Die drei Verse signalisieren einen Einschnitt. Erstmals in der Apostelgeschichte werden christliche Missionare ausgesandt, nämlich Barnabas und Saulus. Sie zählen zur Leitungsgruppe der Propheten und Lehrer. Propheten sind keine Zukunftsweissager, sondern Christen, die aufbauen, ermutigen, trösten (1 Kor 14,3). Lehrer vermitteln den Glauben, wie er etwa im Lukasevangelium und in den Reden der Apostelgeschichte zur Sprache kommt. Gottesdienst und Fasten ermöglichen es, den Willen Gottes zu erfahren. Denn jeder Gottesdienst ist gläubiger Versuch, sich mit Gottes Willen in Einklang zu bringen, Hören auf Gottes Wort und Zustimmung im Gebet. Fasten ist ein Akt der Selbstbesinnung und geistigen Standortbestimmung. Wichtige Entscheidungen wurden durch Fasten auf ihre Tragfähigkeit hin überprüft. Fasten kann offenlegen, woran das Herz eigentlich hängt. Leer geworden, kann alles von Gott erwartet und angenommen werden. Beten und Fasten können Wege sein, Gottes Geist zu vernehmen und zu begreifen, was Gott mit uns vorhat.

Lukas läßt Barnabas und Paulus von Gott in den Dienst nehmen. Zu welchem Werke Gott sie berufen hat, soll der Leser erst noch erfahren. Jedenfalls erfährt das Folgende damit eine höchste Gewichtung. Nochmals folgen Fasten und Beten, dann die Handauflegung und Sendung. Feierlich holt die Gemeinde mit diesen Gesten ein, was als Gottes Wille erfahren wurde. Die Zustimmung zu Gottes Geistoffenbarung schafft sich sinnfällige Zeichen, das Unsichtbare wird leibhaftig und begreiflich. Dem unsichtbaren Wirken des Heiligen Geistes folgt die sichtbare Tat. So hat Lukas einen großartigen Ausgangspunkt für die erste Missionsreise geschaffen.

1. Die erste Missionsreise des Paulus (13,4 – 14,28)

Von Antiochia über Zypern bis Perge (13,4–13)

Die Missionsreise nach Zypern wird ausdrücklich mit der Sendung durch den Heiligen Geist verbunden. Gott selbst begründet das Fortschreiten auf dem Weg des Evangeliums von Jerusalem bis nach Rom. Der Mensch ist nicht Herr des Weges, sondern Diener der Botschaft. Von der Verkündigung des Wortes vor den Juden auf Zypern, wie Apg 11,19 berichtet, erfahren wir nichts mehr. Es entspricht den historischen Begebenheiten, die Verkündigung in den Synagogen zu beginnen (vgl. Röm 1,16). Lukas hat daraus ein Darstellungsprinzip urchristlicher Mission gemacht: Erst den Juden, dann den Heiden!

Synagogen
Es entspricht nicht nur einem literarischen Schema, wenn Lukas die Verkündigung der christlichen Botschaft immer wieder in einer Synagoge beginnen läßt und erst nach der Ablehnung der ortsansässigen Judenschaft den Weg des Wortes zu den Heiden aufweist. In der Tat waren überall dort Synagogen zu finden, wo Juden in Palästina und im Römischen Reich wohnten, in großen Städten wie Jerusalem, Alexandria, Antiochia oder Rom. Die Boten des Christentums konnten dort am besten anknüpfen, war doch der christliche Glaube zunächst eine Sonderform des Judentums, in der Meinung vieler Zeitgenossen eine jüdische Sekte. Dort versammelten sich die Juden zum Gottesdienst, studierten das Alte Testament, unterrichteten ihre Kinder, sorgten für die Armen. Der schlichte Gottesdienst, die Bedeutung der Heiligen Schrift, der Glaube an den einen Gott, der Zusammenhalt übte auf Nicht-Juden eine große Anziehungskraft aus. Ohne sich beschneiden zu lassen, lebte mancher als »Gottesfürchtiger« nach den Geboten und im Glauben an den Gott Israels in ständiger Verbindung zur Synagoge. Sie waren besonders bereit, die christliche Botschaft anzuerkennen: den Zugang

zu Gott ohne Vorbedingung, allein durch den Glauben an das Heil in Jesus Christus.

Nach dem jüdischen Krieg waren die Synagogen vom Römischen Reich anerkannt und geschützt. Die Juden brauchten sich nicht an den staatssichernden öffentlichen Religionsriten zu beteiligen, besaßen freies Versammlungsrecht, durften als Ortsgemeinde Eigentum besitzen, ein soziales Hilfsnetz aufrechterhalten, eigene Friedhöfe anlegen und nach dem eigenen Gesetz Recht sprechen. In der Regel lag die Organisation in den Händen eines Dreierkollegiums. Ein Vorsteher leitete vor allem den Gottesdienst. Ihm half ein Synagogendiener. Der Versammlungsort war ein schlichter, nach Jerusalem orientierter Ort, mit einer Nische für die Heiligen Schriften. Mindestens zehn Männer mußten anwesend sein, damit ein Gottesdienst stattfinden konnte. Der Synagogengottesdienst weist damals wie heute die gleichen Elemente auf: Gebet und Schriftlesung. Zu den Gebeten gehörten vor allem das »Höre Israel« (= Schma), bestehend aus Dtn 6,4–9; 11,13–21 und Num 15,37–41, und das Achtzehnbittengebet. Diese beiden Stammgebete können von jedem Christen mit ungeteiltem Herzen gebetet werden. Hinzu kommen der Priestersegen (Num 6,24–26), das Hallel (Ps 113 – 118) und andere aus der Tempelliturgie übernommene Gebete. Der Schriftlesung aus den fünf Büchern Mose und den Schriften der Propheten konnte eine Schriftauslegung folgen, wozu grundsätzlich jeder Jude befähigt war. Nicht zuletzt deswegen war es den christlichen Boten möglich, ihre Botschaft einzubringen.

Unverständlich ist die Bemerkung über Johannes Markus in Vers 5, der sich in Vers 13 wieder von ihnen trennt. Wir wissen nicht, was das Wort Helfer (Diener) bedeutet und warum man sich trennt. Lukas wird nochmals in 15,37ff. darauf zu sprechen kommen.

Wichtig ist Lukas die Provinzhauptstadt Paphos. Hier wird von Paulus der erste Heide für Christus gewonnen. Der Vorgang bekommt um so größeres Gewicht, als es sich um einen hohen römischen Offizier handelt. Der werbende Unterton ist unverkennbar: Rom hat keinen Grund, gegen die Christen zu sein, wenn selbst hohe Staatsbeamte sich dem Evangelium öffnen.

Das Ganze verbindet Lukas mit einer ihm vorgegebenen Wundergeschichte, die vielleicht folgenden Wortlaut hatte:

(6b) Barnabas und Saulus trafen auf einen jüdischen Lügenpropheten Barjesus. (7a) Er gehörte zum Gefolge des Prokonsuls Sergius Paulus. (8a) Dieser »Elymas« versuchte sich ihnen zu widersetzen. (9) Saulus aber blickte ihn fest an und sprach: (11) »Siehe, die Hand des Herrn kommt über dich, und du wirst blind sein und eine Zeitlang die Sonne nicht mehr sehen.« Sogleich fielen Dunkel und Finsternis über ihn; er tappte umher und suchte Leute, die ihn führen sollten.

Die Abweichungen des Textes der Apg lassen sich gut als lukanisch begründen. Sie zeigen zugleich etwas davon, wie Lukas mit Vorlagen umgeht. Die Wundergeschichte faßt nach dem literarischen Schema ähnlicher antiker Strafwundergeschichten zusammen, was zur Alltagserfahrung christlicher Missionare gehörte, nämlich die Auseinandersetzung mit Zauberei, Traumdeuterei, Wahrsagerei. All dies kann verblenden und blind machen. Wer sich solchen Praktiken anvertraut, tappt buchstäblich im Dunkeln herum. Das Christentum will Magie und Wahrsagerei überwinden und den Menschen Heil, Zuversicht und Lebenskraft durch Jesus Christus vermitteln. Alles, was den Menschen vom Gott Jesu Christi fernhält, schadet dem Menschen. Aber Gott ist stärker als alle Widerstände gegen die Lehre des Herrn.

Für Lukas ist Paulus der Geistbegabte, Barjesus aber der unter bösen Mächten Stehende. Überhaupt tritt Paulus in den Vordergrund. Vers 9 nennt ihn zum letzten Mal Saulus. Von nun an wird er immer mit seinem römischen Namen Paulus genannt. Programmatisch wird Paulus so als Heidenmissionar der römischen Welt ins Bewußtsein gerückt.

Das Wirken des Barnabas und des Paulus in Antiochia in Pisidien (13,14–52)

Der Weg des Wortes führt zielstrebig nach Antiochia, einem Verwaltungszentrum im Inneren Kleinasiens mit einer sehr starken jüdischen Minderheit.

Der ganze Abschnitt ist von Lukas geschaffen, um programmatisch in Form geschichtlicher Darstellung zu beschreiben, welcher Glaube von den Juden zu den Heiden auf welchem Weg gekommen ist. Welch hoher Stellenwert dem Ganzen in der Apg zukommt, zeigen die Ähnlichkeiten mit der dem Leser bekannten Nazaret-Perikope Lk 4,16–30. Wie dieser Evangelientext als vorwegnehmende Zusammenschau des ganzen Jesusgeschehens gelesen werden kann, so beschreibt Apg 13,14–52, was Inhalt und Handlung der weiteren Darstellung begründet und ausmacht.

Die Rede des Paulus soll als »Wort des Trostes«, als Schriftauslegung verstanden werden. Grundlage der Predigt sind Gottes Großtaten in der Geschichte Israels und Gottes Heilshandeln durch den Retter Jesus. Dabei läßt Lukas Paulus grundsätzlich so sprechen wie Petrus, denn beide stehen nicht gegeneinander, sondern zusammen im Dienst des gleichen Evangeliums. Der Leser soll in der Rede erfahren, auf welchen Grundlagen sein Glaube beruht und daß sein Glaube durch die Autoritäten der Ursprungsgeschichte garantiert ist. Dabei versteht es Lukas meisterhaft, trotz des grundsätzlichen Verkündigungsstiles mit seinen credohaften Glaubensaussagen paulinisches Gedankengut einfließen zu lassen: Paulus zitiert zu Beginn seines Römerbriefes einen Glaubenssatz über Jesus als Nachkomme Davids und Sohn Gottes (Röm 1,3.4), das Gleiche verkündigt Lukas in Vers 23 und in Vers 33. Die paulinische Theologie von der Rechtfertigung kommt in den Versen 38 und 39 in aller gebotenen Kürze zur Sprache. An die Gnadenlehre des Paulus läßt Vers 43 denken. Hinter Vers 46 steht das ebenfalls paulinische »zuerst den Juden, dann den Heiden« (vgl. Röm 1,16). Nach Röm 11 ist die Verschlossenheit des auserwählten Volkes heilsgeschichtliche Notwendigkeit für die Heidenmission, so daß Nicht-Juden an die Stelle von Juden treten können. Lukas setzt also paulinische Theologie in erzählte Verkündigung um.

Wie in einem Glaubensbekenntnis zitiert Lukas in den Versen 17–24 einen heilsgeschichtlichen Überblick. Was hier anklingt, sind Anspielungen auf das Alte Testament. Als Ziel der Heilsgeschichte wird die Sendung des Retters Jesus gesehen (V. 23). Nach Lk 16,16 gehört der Täufer der alten Heilsgeschichte, der Zeit des Gesetzes, an, die durch die neue Heilsgeschichte, die Zeit des

Evangeliums, abgelöst wird. So setzt auch die Rede mit Vers 26 neu ein. Es folgt die Verkündigung von Tod und Auferstehung Jesu als Wort des Heiles und der Rettung. Der Inhalt der Verse 26–37 ist dem Leser aus dem Lukasevangelium und aus den bisherigen Reden der Apg schon bestens bekannt. Mit der Schuld der am Tod Jesu Verantwortlichen geht Lukas sehr schonend um. Es geht ihm nicht um Polemik gegen die Juden als Messiasmörder. Für Lukas steht hinter dem menschlichen Verhalten Gottes Handeln, wie es nachträglich mit Hilfe der Heiligen Schrift offengelegt werden kann. Die damals übliche Art von Schriftbeweisen zeugt von einer Hochschätzung der Bibel und von einer großen Kenntnis der alttestamentlichen Bücher. Die neue Erfahrung von Gottes Handeln im Jesusgeschehen drückt sich in biblischer Sprache aus. Die Schriftstellen sollten deswegen nicht als Schriftbeweise verstanden werden.

Ab Vers 38 wird der Sinn göttlicher Heilsgeschichte für die Zuhörer der Predigt und für die Leser der Apg in gleicher Weise ausgelegt. Es geht um die Vergebung der Sünden, die Erlösungsbedürftigkeit des Menschen. Ganz paulinisch wird herausgestellt: Nicht durch das Gesetz wird der Mensch gerechtfertigt, sondern Gott selbst sorgt durch Jesus Christus dafür, daß vor ihm ein jeder bestehen kann, daß ein jeder sich von Gott angenommen und geborgen erfahren darf, vor aller Leistung und trotz aller Schuld. Auf seiten des Menschen ist nur der Glaube, die Zustimmung des Herzens zu dieser göttlichen Wirklichkeit eingefordert. Mit dem Habakuk-Zitat (V. 41) wird angedeutet, was der Leser längst weiß: Für das Evangelium gibt es keinen Halt. Das unglaubliche Wunder geschieht: Heiden werden das Wort der Rettung annehmen.

Der Erfolg bleibt nicht aus. Aber es kommt zum Bruch (V. 45). Letztlich ist es die Christus-Verkündigung mit dem darin begründeten neuen Heilsweg aus Gnade, die für die Juden unannehmbar erscheint und die Trennung von Kirche und Israel auf unabsehbare Zeit begründet. Die dramatische Zuspitzung in Vers 45 ermöglicht in den Versen 46 und 47 die Formulierung urkirchlicher Missionserfahrung, paulinischer Überzeugung und schriftstellerischer Dramatik: Gottes Wort muß zuerst den Juden verkündigt werden, denn sie sind noch immer Gottes auserwähltes Volk und damit die ersten und bevorzugten Adressaten der neuen Botschaft. Vordergründig ist es ihre Ablehnung, die die Zuwendung zu den Heiden ermöglicht. Letztlich aber ist die Heidenmission im universalen Willen Gottes begründet, der das Heil für alle will. Selbstverständlich wollte Gott die Ablehnung Jesu durch sein Volk nicht. Es wäre auch ein besserer Weg denkbar. Aber die Fakten sprechen dagegen. So schmerzlich Konflikte sind, sie können den Gang der Geschichte nicht beschleunigen. Mag die Freude über die Heidenmission und eine Kirche der Heiden groß sein, es bleibt immer schmerzlich, wenn Gottes Wort nicht ankommt, Menschen nicht zum Leben finden. Bitter bleibt die Trennung von Juden- und Christentum. Heute kann keiner mehr wie Lukas den Juden das ewige Leben absprechen. Lukas darf es als biblischer Schriftsteller in einer erfundenen Szene, um die Positionen für seinen Gang der Handlung zu klären: Freude und Dankbarkeit auf seiten der gläubiggewordenen Heiden gegenüber der frohen Botschaft (V. 48), Ausbreitung des Gottes-Wortes (V. 49), aber Verfolgung und Vertreibung der Missionare durch die Juden (V. 50). Letzteres bringt die Wanderprediger wieder auf den Weg (vgl. Lk 9,5). Größer aber als das Negative ist die bleibende Freude und Geisterfüllung der neuen Christen (s. 4,31; 5,41).

In Ikonion, Lystra und Derbe (14,1–20)

Der Weg führt in die Stadt Ikonion. Mit wenigen summarischen Sätzen läßt Lukas erkennen, wie er sich dort die Mission vorstellt, nämlich ganz nach dem in 13,14–52 ausgeführten Schema. Neu ist in Vers 3 der Hinweis auf die Bestätigung der Missionsbotschaft durch Zeichen und Wunder. Paulus und Barnabas werden erstmals Apostel genannt. Damit wird die Kontinuität von Jesus, den Zwölfen und Paulus und Barnabas hergestellt. Gleichzeitig wird die Heilungsgeschichte in den Versen 8–10 vorbereitet. Die Wundergeschichte zeigt gängige Motive ähnlicher antiker und biblischer Texte. Der Leser wird direkt an Lk 5,17 und Apg 3,1–10 erinnert. Die Reaktion ist allerdings völlig anders und entspricht ganz dem Milieu eines heidnischen Vielgötterglaubens. Die Vorstellung von herabgestiegenen Göttern in Menschengestalt, nämlich Zeus und Hermes, ist in der antiken Literatur belegt. Das heidnische Verhalten ermöglicht es, Paulus die erste Rede vor Heiden halten zu lassen. Läßt der Wunderbericht die überwältigende Größe des Apostels Paulus erkennen, der einen Vergleich mit den heidnischen »Gott-Menschen« nicht zu scheuen braucht, so setzt die Rede das Geschehen in das richtige Maß zurück. Ähnlich wie bei Petrus in 3,12 wird klargestellt, daß Wunderheiler auch nur Menschen sind und christliche Wunderheiler immer im Dienst der Verkündigung stehen. Es gilt, die Frohe Botschaft zu verbreiten, um den Götzendienst zu überwinden und eine Bekehrung zum lebendigen Gott zu ermöglichen. Der lebendige, wahre Gott wird biblisch mit dem Juden und Christen gemeinsamen Schöpfungsglauben verkündigt. Vers 16 zeugt von einer verständigen offenen Haltung der jungen Kirche gegenüber dem Heidentum. Die Theologie verhindert ein Verurteilen. »Und doch« bezeugte sich Gott als der, der Gutes tut. Der im Alten Testament bewanderte Leser hört manche Schriftanklänge heraus (z.B. Jer 5,25; Ps 104,13–15; 145,6f.; 147,8). Gottes Schöpfergaben sollen den Menschen zum Schöpfer wenden. Der Gedankengang vertraut darauf, daß Schöpfungserfahrung Gotteserfahrung sein kann, sollte und müßte. Wo Schöpfung zerstört ist und Menschen verelenden, kann Gott allerdings nicht als der Geber aller guten Gaben, der die Herzen mit Nahrung und Freude erfüllt, erfahren werden.

Die Rede fällt kurz aus. Das Christusgeschehen fehlt. Lukas verteilt seine theologischen Aussagen sehr bewußt auf die Reden der Apg. Das Christusgeschehen kam ausführlich in der Synagoge des pisidischen Antiochia zur Sprache. Was hier nur wie eine Andeutung erscheint, wird gewichtiger in der großen Rede auf dem Areopag zur Sprache gebracht.

Viel Erfolg spricht Lukas der Rede nicht zu. Es kommt sogar zur Steinigung, verursacht von Juden aus anderen Orten (vgl. 2 Kor 11,25). Der von Lukas herausgearbeitete Widerstand der Juden kann die Botschaft nicht aufhalten. Gott steht seinem Boten bei; das Wort Gottes nimmt unaufhaltsam seinen Lauf. Eine solche Zuversicht kann durch keinerlei Hindernisse für den christlichen Glauben zerstört werden. Wo diese Sicht ansteckend wirkt, werden sich Resignation, Kleinmütigkeit und Niedergeschlagenheit nicht breit machen können. Lukas will ermuntern.

Rückkehr nach Syrien (14,21–28)

Eine weitere Station der Mission ist Derbe. Die Arbeit der Missionare wird von Lukas nur summarisch genannt: die Frohe Botschaft verkündigen und Jünger gewinnen.

Auf der Rückreise nach Antiochia, dem Ausgangspunkt der missionarischen Sendung (13,1–3), läßt Lukas die beiden Wanderprediger nochmals die jungen Gemeinden aufsuchen, um diese zu festigen. Der Leser weiß um die Widerstände und Bedrohungen in der erzählten Geschichte und in der wirklichen Geschichte der Kirche und seines eigenen Lebens. Jünger sein ist Lebens- und Schicksalsgemeinschaft mit Jesus, auch in den täglichen Widerwärtigkeiten und Bedrohungen (s. dazu Lk 9,23–27). Der Weg Jesu ist der Weg der Jünger (s. dazu besonders Lk 24,26). Gottes Reich der Gerechtigkeit und des Friedens kann nicht mit der Kirche gleichgesetzt werden, es rückt in unberechenbare Ferne.

Die Einsetzung von Ältesten wird nicht begründet, sie gehört zu den erfahrbaren Gegebenheiten und soll nach Lukas als apostolisch in der Ursprungssituation der Gemeinden festgemacht werden.

Vers 26f. schlägt nochmals eine Brücke zurück zu 13,2f. und bereitet das Apostelkonzil vor. Die Heidenmission wird als Wirken Gottes gedeutet. Was Lukas theologisch so kurz und bündig ausdrückt, ist in Wirklichkeit das Ergebnis eines schmerzlichen Prozesses des Suchens und der Auseinandersetzungen.

2. Das Apostelkonzil in Jerusalem (15,1–35)

Das Apostelkonzil

Aus Gal 2,11 ff. kann entnommen werden, daß in der Gemeinde in Antiochia Juden- und Heiden-Christen regelmäßig miteinander die Tischgemeinschaft pflegten. Als konservative Juden-Christen aus der Umgebung des Jakobus am Verstoß gegen jüdische Speisevorschriften Anstoß nahmen, trauten sich Kefas, Barnabas und die übrigen Juden-Christen nicht, weiterhin Tischgemeinschaft zu halten. Gal 2,14 zeigt, wie leidenschaftlich Paulus gegen die Nachgiebigkeit des Petrus protestiert. Das Gesetz hat keine Gültigkeit mehr. Der Mensch wird durch Jesus Christus von Gott angenommen. Das einzige, was von ihm gefordert wird, ist der Glaube (vgl. Gal 2,16–17). Durch das Verhalten des Petrus bekommt das Gesetz wieder eine Bedeutung, die aus theologischen Gründen nicht mehr haltbar ist. Darum kämpft Paulus für die gesetzesfreie Heidenmission, wenn er selbst auch durchaus unter Juden wie ein Jude lebt (1 Kor 9,19ff.). Die Gesetzeskonflikte führen schließlich dazu, daß Paulus, innerlich gedrängt, nach Jerusalem reist, um dort das Problem zu klären. Paulus ist zwar von der Richtigkeit seiner Einstellung fest überzeugt, versteht sich aber gerade nicht als Alleingänger, sondern sucht das klärende Gespräch mit den Verantwortlichen in Jerusalem. Sein Handeln erscheint ihm nur in Übereinstimmung mit Jerusalem möglich. Auf dem Apostelkonzil erkämpft Paulus das Recht der gesetzesfreien Heidenmission (Gal 2,5ff.). Die Angesehenen machen keinerlei Auflagen (Gal 2,6). Das sogenannte Aposteldekret, von dem Paulus nicht berichtet, spricht nicht dagegen, weil es nicht die Heidenmission regelt, sondern die Tischgemeinschaft zwischen Juden- und Heiden-Christen. Durch die Festlegung – Paulus für die Unbeschnittenen, Petrus für die Beschnittenen (Gal 2,7) – wird eine Entwicklung eingeleitet, die Heiden-Christentum und Juden-Christentum immer stärker von einander trennte, bis schließlich nur noch das Heiden-Christentum übrigblieb. Paulus selbst hat die Einheit gewollt. Seine grundsätzliche Kritik am Gesetz war theologischer Art und um der Heiden willen notwendig. Faktisch aber zerstörte die paulinische Rechtfertigungslehre mit ihren praktischen Konsequenzen die Fundamente des Judentums und des Juden-Christentums. Doch zeigt Röm 9–11, wieviel Paulus eigentlich an der Gemeinschaft mit seinem Volk lag und daß es kein Christentum ohne Verbindung mit den jüdischen Wurzeln geben kann.

Auf dem Hintergrund des Gesagten wird deutlich, daß die Erzählung vom Apostelkonzil (Apg 15,1–35) einen sehr dramatischen und wirklichen Hintergrund hat, von Lukas nicht erfunden, wohl aber seiner Verkündigungsabsicht und seinem schriftstellerischen Konzept entsprechend angepaßt, entfaltet und akzentuiert wurde. Selbstverständlich hatten sich Jahrzehnte später auch die Probleme verschoben. Für Lukas war gegen Ende des ersten Jahrhunderts die gesetzesfreie Heidenmission, die Kirche fast nur aus Heiden, selbstverständliche Wirklichkeit. Lukas möchte in Form geschichtlicher Darstellung verkündigen, wie das Wort Gottes von den Juden zu den Heiden gekommen ist. Diesem Konzept wird auch die Gestalt des Paulus dienstbar gemacht. In der Gestalt des Paulus sieht Lukas die Kontinuität mit Israel gewahrt und bewahrt und damit die Erinnerung an Paulus, wie er in Wirklichkeit war. Was Paulus ursprünglich dachte, lebte und verkündigte, das erzählt Lukas auf seine Art für seine Zeit: Heil für alle, ohne Beschneidung und gesetzliches Leben, Heil durch Taufe und Glauben, die bleibende Bedeutung Israels für den Glauben der Heiden.

Die Streitfrage (15,1–5)

Apg 15,1 signalisiert, daß es im folgenden um Heil oder Unheil geht. Der Leser weiß aus Apg 13,14–52 vom Wirken des Paulus und Barnabas und von deren Botschaft über die Rechtfertigung ohne das Gesetz (Apg 13,38f.) und von den missionarischen Erfolgen, wie sie den Heiden das Tor zum Glauben öffneten (14,27).

Meisterhaft vermag Lukas Sympathien und Antipathien darzustellen und durch die Kunst des Erzählens dem Ganzen die ihm zukommende Bedeutung zu geben. Für Lukas ist Jerusalem nur da, um nachträglich zu bestätigen, was Gott selbst mit Paulus und Barnabas zusammen getan hat (V. 5). Daran vermag weder die konservative Forderung der gesetzestreuen Juden-Christen (V. 5), noch die Heftigkeit des Streites (VV. 2 und 7) etwas zu ändern. Die Forderung nach der Beschneidung ist der Inbegriff der judenchristlichen Überzeugung, daß nur der ein richtiger Christ sein kann, der mit dem christlichen Glauben übernimmt, was dem jüdischen Leben wert und teuer ist.

Die Beschneidung
Grundlegend für die Bedeutung der Beschneidung ist Gen 17,7–12: Zu den Schriften, die in den Pentateuch aufgenommen wurden, gehört auch die Priesterschrift. Der Verfasser stammt aus Priesterkreisen, die während des Exils (586–538 v. Chr.) nach Babylon verbannt waren. Der Priesterschrift wird das 17. Kapitel der Genesis zugeschrieben. Ohne Tempel und Opfergottesdienst wird im Exil der Sabbat (2,2f.) und die Beschneidung zum grundlegenden Unterscheidungsmerkmal des jüdischen Glaubens. Darum wird im 17. Kapitel von einem Bundesschluß erzählt, der das Gemeinschaftsverhältnis zwischen Gott und Israel für alle Zeiten begründen soll. Gott verheißt ein eigenes Land und zahlreiche Nachkommenschaft; Grundpflicht des Menschen wird die Beschneidung. Die erst im babylonischen Exil sich bildende bundestheologische Bedeutung der Beschneidung wird in die Abrahamszeit verlegt. Gottes Bund mit Abraham ist für die Priesterschrift die Grundlage der Geschichte Israels. Alles, was folgt, wird als Konkretisierung des Abrahamsbundes verstanden. Die Beschneidung konnte im Exil zum Bundeszeichen werden, weil es in Mesopotamien keine Beschneidung gab, während in der Heimat nach Jer 9,25 neben Juden noch die Ägypter, Edomiter, Ammoniter, Moabiter und Araber als Völker mit Beschneidung genannt werden. Ursprünglich stand die Beschneidung außer wegen unbewußter, hygienischer Vorteile mit der Hochzeit in Verbindung, vielleicht war sie auch ein Mannbarkeitsritus. Diese Bedeutungen aber gingen verloren, bis der unreflektierte Brauch in der babylonischen Gefangenschaft zum entscheidenden Identitätsmerkmal und zur Religionszugehörigkeit eines Juden wurde.

Die Beschneidung wird auf den achten Tag nach der Geburt festgelegt und geschieht seit altersher bis heute nach einem festen Ritual: Der Beschneider, einst der Vater, entfernt mit einem Messer die Vorhaut, entblößt die Eichel bis zur Krone und saugt das Blut ab. Mit der Beschneidung ist die Namensgebung verbunden. Der Talmud läßt die hohe Wertschätzung der Beschneidung als die entscheidende Ver-

pflichtung Israels erkennen, wenn gesagt wird, daß die Beschneidung alle 613 Gebote und Verbote aufwiege (b-Nedarim 32a). Weil aber Ritus und innere Wirklichkeit auseinanderfallen können, fordert schon Dtn 10,16 die Beschneidung des Herzens.
Gen 17,7 verheißt einen ewigen Bund. Entscheidend ist die Zusage: Dir und Deinen Nachkommen werde ich Gott sein. Das bedeutet nicht mehr und nicht weniger als beständiger Schutz, Segen und Heil und damit auch Heilwerden in Krankheit, Hilfe vor Gericht, Besitz, Kinder, langes Leben, Ansehen (vgl. Ps 91).
Gen 17,8 mußte gerade in der babylonischen Gefangenschaft wie eine Hoffnung gegen alle Hoffnung klingen, eine Hoffnung, die Mut und Zuversicht gibt, die überleben läßt. Das Volk Israel hat daran immer festgehalten, obwohl oft so vieles oder auch alles dagegen stand. Mit Ps 36,11 spricht Mt 5,5 den Demütigen das Land zu. Die Zukunft wird den Gewaltfreien und Gewaltlosen zum Erben einer neuen Erde und eines neuen Himmels machen.

Gen 17,9–12 nimmt den Menschen als Bundespartner durch die Verpflichtung der Beschneidung in die Pflicht. Gottes Bundesangebot und Verheißung geht nicht am Menschen vorbei oder über den Menschen hinweg. Wo immer sich der Mensch auf Gottes Zusage einläßt, ereignet sich die Abrahamsgeschichte neu, wird Gottes Wort als Kraft in der Gegenwart auf dem Weg in die Heimat, die nur Gott zu geben und zu garantieren vermag. An der Beschneidung wird immer wieder deutlich, wofür es sich zu leben lohnt.

Die Versammlung der Apostel und der Ältesten mit der Gemeinde (15,6–21)

Zum letzten Mal läßt Lukas Petrus auftreten und an dieser heilsgeschichtlichen Wegkreuzung das entscheidende Wort sprechen. Eigentlich ist das ganze Problem für den Leser längst gelöst. So braucht die Rede nur in Erinnerung zu rufen, was durch die Bekehrung des Kornelius offenkundig ist (Kap. 10). Die Verkündigung des Evangeliums führt auch die Heiden zum Glauben, der Instrument und Weg des Heiles ist. Der neue Heilsweg steht dem alten Heilsweg entgegen. Die Rettung durch die Gnade Jesu hat universelle Gültigkeit. Einem gesetzestreuen Juden-Christentum wird für die Heidenmission jede Bedeutung abgesprochen (V. 11). Lukas macht Petrus zum Fürsprecher der paulinischen Lehre vom Heil allein durch Gnade. Es ist die letzte große Tat des Petrus in der Apostelgeschichte. Paulus und die gesetzesfreie Heidenmission werden durch Petrus, für Lukas der erste Heidenmissionar, legitimiert.

Lukas läßt auch Jakobus (vgl. Gal 2,9) eine Rede halten. Dahinter steht das Wissen um die große Bedeutung des Herrenbruders als Haupt der konservativen Juden-Christen. Die Rede interpretiert die Heidenmission des Petrus als Eingriff Gottes. Gott selbst will sich aus den Heiden ein Volk schaffen (V. 14). Lukas verkündigt die Kirche des Heiden-Christen als Volk Gottes. Das Prophetenwort erfüllt sich: In Jesus und seiner Gemeinde wird die verfallene Hütte Davids wieder aufgerichtet (V. 16ff.).

Vers 19 steht mit Gal 2,6 in vollem Einklang. Die Praxis der paulinischen Heidenmission wird nochmals bestätigt. Vers 20, das sogenannte Aposteldekret, sollte ursprünglich nur die Tischgemeinschaft von Heiden- und Juden-Christen ermöglichen. Zum Götzenopferfleisch vgl. 1 Kor 8,1.4.10; Röm 14. Opferfeiern, öffentliche wie private, gingen in der Antike nicht selten in Mahlfeiern über, bei denen Fleisch der Opfertiere verzehrt wurde. Eigentlich gab es im Altertun nur Fleisch zu kaufen, das entweder direkt aus dem Tempel abgezweigt oder durch die normale Schlachtung mit den Göttern in Verbindung gebracht wurde. Für die Juden mußte dies ein Greuel sein, zumal es sich nicht selten um Schweinefleisch handelte (vgl. Dan 1). Unzucht könnte die nach jüdischem Eherecht verbotene Verwandtschaftsehe meinen (vgl. Lev 18,6–18). Blut als Lebensträger gehört gänzlich Gott und darf daher nicht genossen werden (vgl. Lev 17,10–14). Ersticktes meint Fleisch von Tieren, die nicht vorschriftsmäßig geschlachtet wurden und deren Blut nicht gänzlich abfließen konnte (vgl. Lev 17,1–16). Vers 21 spielt auf Lev 17 und 18 an. Die Vorschriften werden als mosaisch eingestuft und als überall bekannt eingeschätzt. Ihre Bedeutung wird durch diese Bemerkung eher relativiert als unterstrichen. Die Forderungen erschienen als so verbreitet, daß sie nicht als etwas besonderes angesehen werden müssen.

Die Beschlüsse der Versammlung (15,22–29)

Die Beschlußlage wird bedeutungsvoll herausgearbeitet: Führende Männer werden zu einer Gesandtschaft zusammengestellt, das Ergebnis in einem Dokument festgehalten und die Entscheidung des Apostelkonzils als Tat des Heiligen Geistes angesehen. Die entscheidende Weiche ist in Jerusalem gestellt. Petrus und die Apostel haben abschließend gehandelt, sie werden in der Apg nicht mehr erwähnt. Eine neue Epoche beginnt. Paulus wird von jetzt an entscheidender Träger für den Weg des Wortes. Paulus ist der bevorzugte Missionar und Zeuge für eine Kirche, die sich mit voller Berechtigung vom Judentum entfernt und selbständig weiterentwickeln darf, ohne jedoch die eigene Herkunft zu vergessen. Jerusalem bleibt auch für sie der alles bewirkende Ausgangspunkt. Dies sollte nie vergessen werden.

Die Mitteilung der Beschlüsse an die Gemeinde von Antiochia (15,30–35)

Die Entscheidung Jerusalems wird als Ermunterung begriffen, die Freude auslöst. Ganz 1 Kor 14,3 entsprechend erweisen sich Judas und Silas als Propheten. Sie haben für ihre glücklichen Glaubensbrüder im richtigen Augenblick ein Wort des Mutes und der Stärkung. Der Friede mit Jerusalem ist besiegelt. Paulus und Barnabas können ungehindert von innerkirchlichen Streitigkeiten das Wort des Herrn verkündigen. Notwendige Konflikte über den richtigen Weg der Kirche können, wo sie offen und mit den Verantwortlichen ausgetragen werden, zu richtungweisender Klarheit führen, die Freude, Ermunterung und Freiheit für den weiteren Dienst schafft. Um dieser Klarheit willen wird über die Verlierer des Konfliktes nicht weiter berichtet. In Wirklichkeit war und ist alles viel härter.

3. Die zweite Missionsreise des Paulus (15,36 – 18,22)

Die Einteilung der paulinischen Mission in eine zweite und dritte Missionsreise ist weder durch die Lebensdaten und Stationen des geschichtlichen Paulus berechtigt noch durch den Text der Apg selbst. Der Verfasser der Apostelgeschichte geht mit Daten und Orten nicht wie ein Historiker der Neuzeit um, sondern wie ein antiker und biblischer Schriftsteller. Lukas mußte nicht nur eine Fülle von Einzelinformationen und Einzelgeschichten durch summarische Übergänge verbinden. Er wollte das Bild eines ständig von Ort zu Ort eilenden Paulus malen, um auf diesem Hintergrund den Siegeszug der Frohen Botschaft herauszustellen.

Die Trennung des Paulus von Barnabas (15,36–41)

Es gehört zum Bild des urchristlichen Wandermissionars, nicht immer nur neue Orte aufzusuchen, sondern sich auch weiterhin um die von ihm für Christus Gewonnenen zu sorgen. Die Wandercharismatiker (s. o.) waren die eigentlichen Autoritäten der jungen Gemeinden, aber sie waren auch auf die Hilfe und Unterstützung dieser Gemeinden angewiesen.

Aus Gal 2,13 wissen wir um einen ganz anderen Konflikt zwischen Paulus und Barnabas. In Antiochia lebten Juden-Christen und Heiden-Christen zusammen. Ausdruck dafür war die Tischgemeinschaft. Auch Petrus und Barnabas nahmen daran teil. Als einige Juden-Christen aus dem Kreis des konservativen Jakobus daran Anstoß nahmen, kam es zum Konflikt. Petrus und andere Juden-Christen, unter ihnen Barnabas, zogen sich zurück. Was bisher problemlos erschien, führte zum Zerwürfnis. Die gesetzesfreie Heidenmission und eine Kirche des neuen Gottesvolkes aus Juden und Heiden waren schlagartig gefährdet. Die gesetzesfreie Heidenmission wurde auf dem Konzil bestätigt, das Zusammenleben von Juden und Heiden an einem Tisch aber ging verloren. Die Heidenkirche überlebt die Judenkirche (nicht das Judentum).

Die Trennung von Paulus und Barnabas in 15,36–41 ist ein Echo auf diesen Konflikt; hier aus nicht mehr einsichtigen Gründen zeitlich später und mit anderem Anlaß angeführt.

Gottes Gnade bewirkt den Glauben, und die Glaubensboten stehen im Dienst dieser Gnade. Christliche Brüderlichkeit zeigt sich solidarisch, indem sie betend einzuholen sucht, was Gottes Gnade wirken wird.

In Vers 41 trägt Lukas zwei Regionen nach, die zu den Adressaten des apostolischen Schreibens gehören (15,23). Der Dienst ist nicht Aufsicht, sondern Stärkung der Gemeinden. Konzilsbeschlüsse haben genau diese Aufgabe, wenn sie in die Gemeinde gelangen.

Paulus in Lykaonien (16,1–5)

Timotheus muß nach dem Zeugnis der Paulusbriefe als der hervorragendste Mitarbeiter des Paulus angesehen werden (vgl. 1 Thess 1,1; 3,2.6; 16,10f.; Röm 16,21; Phil 1,1; 2,9; Phlm 1). Lukas verarbeitet hier das Wissen um eine spätere Beschneidung des Timotheus. Historisch ausgeschlossen werden muß eine Beschneidung durch Paulus, zumal Timotheus Christ ist (s. 1 Kor 4,17; vgl. 1 Kor 7,18f.). Nach dem, was Lukas gerade dazu so dramatisch darstellte, müßte es auch für ihn undenkbar sein. Aber ihm geht es hier nicht um die Grundsatzdiskussion, sondern um einen Hinweis, daß Paulus bei allem kompromißlosen Kampf für ein gesetzesfreies Heiden-Christentum durchaus respektiert, was einem Juden-Christen heilig ist (s. 1 Kor 9,20). Theologische Klarheit geht niemals auf Kosten der Ehrfurcht vor dem Anderslebenden. Wieder bewirkt die Überbringung und Einführung des Konzilsbeschlusses Glaubensstärkung, verbunden mit Missionserfolgen.

Durch Kleinasien bis Troas (16,6–10)

Der Abschnitt ist an wichtiger Stelle von Lukas selbst formuliert worden. Es geht um nicht mehr und nicht weniger als um einen unerhört wichtigen Schritt auf dem Weg des Wortes von Jerusalem bis an die Grenzen der Erde. Welche Informationen dem Lukas vorlagen, ist aus dem Text nicht ersichtlich. Zu ihnen dürften aber die Namen der Reisestationen gehören, es sind Landschaften, Wohngebiete, Städte. Wahrscheinlich gab es tatsächlich Schwierigkeiten (vgl. Gal 4,13; 1 Kor 15,32 und 2 Kor 1,8). Für Lukas ist es Gott selbst, der in den Schwierigkeiten den Gang der Mission und die Mission bestimmt. Der Eindruck einer Nicht-Missionsreise durch Phrygien und das galatische Land, die Unmöglichkeit der Verkündigung in der Provinz Asien und der mißlungene Versuch, Bithynien zu erreichen, verzögern den Weg des Wortes. Gerade so erreicht Lukas erzählerisch eine Steigerung der Spannung; damit bildet die Hinwendung nach Europa den eigentlichen Höhepunkt dieses Abschnittes. Die Vision macht deutlich, wie Gottes Wille sich zu erkennen gibt. Nicht der Wille ist entscheidend, sondern die Welt des Traumes. Wenn der Mensch den Weg nicht kennt, kann eine Vision Licht in die Nacht bringen. Die Europamission ist somit Antwort auf Gottes Ruf, dort die Frohe Botschaft zu verkündigen. Mit Vers 10 beginnen die sogenannten Wir-Berichte. Sie sind weder ein Hinweis darauf, daß Lukas ein Wegbereiter des Paulus war, noch ein Indiz für vorgegebene Texte aus der Begleitung des Paulus. Auch hier spricht Lukas selbst. Er kann so sprechen, weil er den Weg kennt und vielleicht selbst zurückgelegt hat. Der Erzählstil wird dadurch lebendiger, der Leser unmerklich durch das »Wir« tiefer miteinbezogen.

Daten und Reisestationen des Paulus

Lukas beschreibt in der Apostelgeschichte die Ausbreitung des Christentums als Weg von Jerusalem nach Rom. Zwar kann Lukas sich auf die rege Reisetätigkeit des Wandercharismatikers und Apostels Paulus berufen und auf entsprechende Lokaltraditionen zurückgreifen, insgesamt aber ist die Darstellung der Wirksamkeit des Paulus in Form einer Reise das schriftstellerische Werk des Lukas. Ein Teil der von Lukas gemachten Aussagen über Ereignisse und Stationen des Paulus sind mit Hilfe der Paulus-Briefe historisch bestimmbar. Doch liebt es Lukas, Vorgegebenes zu verdoppeln, zu erweitern oder aufzufüllen. Dadurch entsteht der Eindruck von drei Missionsreisen und einer Schiffsfahrt nach Rom. Für die Daten und Stationen paulinischen Wirkens können folgende, meist sehr unsichere Angaben konstruiert werden:

7. April 30	Kreuzigung Jesu
33	Bekehrung und Berufung des Paulus bei und in Damaskus, danach Aufenthalt des Paulus in Arabia, dann Rückkehr nach Damaskus
36	1. Jerusalembesuch des bekehrten Paulus
37	Reise nach Syrien und Zilizien. Dort und in Südgalatien zusammen mit Barnabas Mission von Antiochia aus
ab 39	Paulinische Mission in Philippi und Thessalonich
um 41	Paulus in Korinth, danach Gründung der galatischen Gemeinden. Die Auseinandersetzung in Antiochia bringt Paulus zum zweitenmal nach Jerusalem.
50	Apostelkonzil in Jerusalem, danach Kollektenreise durch die paulinischen Gemeinden
51	Paulus in Galatia
51–53	Paulus in Ephesus
53	Reise des Paulus mit Timotheus nach Troas
54–55	Paulus in Mazedonien
54	Reise nach Korinth
55	Reise nach Jerusalem zur Überbringung der Kollekte

Das Straßennetz und die Reisemöglichkeiten im Römischen Reich waren gut ausgebaut. Paulus reiste die vielen tausend Kilometer als armer Wanderprediger, ohne Komfort. Er schreibt selbst:

> »Ich war oft auf Reisen, gefährdet durch Flüsse, gefährdet durch Räuber, gefährdet durch das eigene Volk, gefährdet durch Heiden, gefährdet in der Stadt, gefährdet in der Wüste, gefährdet auf dem Meer, gefährdet durch falsche Brüder. Ich erduldete Mühsal und Plage, durchwachte viele Nächte, ertrug Hunger und Durst, häufiges Fasten, Kälte und Blöße.«
> (2 Kor 11,26.27)

In jeder Bibelausgabe befindet sich eine Karte vom Mittelmeerraum mit den eingezeichneten Reiserouten des Paulus. Leider ist es im Rahmen eines kleinen Kommentars nicht möglich, die Wege und Orte des Paulus zu beschreiben und lebendig werden zu lassen.

Das Wirken des Paulus in Philippi (16,11–40)

An der paulinischen Mission in Philippi besteht kein Zweifel. Der Philipperbrief ist ein beredtes Zeugnis, wie nahe Paulus gerade dieser Gemeinde stand. Philippi war römische Kolonie mit vor allem ausgedienten Soldaten und Beamten. Maßgeblich war allein das römische Recht.

Unterschiedliche Bausteine sind dem Lukas vorgegeben: die Bekehrung der Lydia und das Entstehen einer Hauskirche, die Leiden des Apostel (vgl. 1 Thess 2,2), die Bekehrung des Gefängniswärters, die Heilungsgeschichte der Sklavin und die Motive der wunderbaren Befreiung.

Hauskirche
Jesus und seine Jünger zogen von Ort zu Ort, um den Menschen das Heil zu bringen und das Reich Gottes zu verkünden. Überall waren sie auf Gastfreundschaft angewiesen, auf geschenkte Unterkunft und Verpflegung. So wissen die Evangelien von Jesu Wirken in den Häusern seiner Freunde zu berichten. Im Haus bildeten sich um ihn Gemeinschaften. Auch in der Urkirche waren es vor allem einzelne Häuser, in denen sich die Gläubigen trafen, um das Wort Gottes zu bedenken, Jesus Christus in ihrer Mitte zu spüren, gemeinsam zu essen und die Eucharistie zu feiern. In den Häusern der griechischen und römischen Welt bestimmten viele kultische Elemente das religiöse Leben der Familien. In den Familien des Judentums gab es ein reiches religiöses Brauchtum: Gebete am Morgen, Mittag und Abend, mit Gott und untereinander verbindende Mahlzeiten, Begrüßung des Sabbats, liturgisch geprägte Familienfeiern an den großen Festen bis hin zur Hausliturgie des Osterfestes. Auf diesem Hintergrund erscheint es als selbstverständlich, wenn sich die Christen vor allem als Hauskirchen organisierten. Es waren überschaubare Gruppen von Christen aus allen Schichten. Das schaffte Geborgenheit. Man kannte sich. Der persönliche Kontakt mit dem anderen war intensiv. Nähe konnte erlebt und gefühlt werden. Die Mitte bildete Jesus

Christus, sein Geist hielt alle zusammen. Gemeinsam wurde um die neue Geschwisterlichkeit nach den Maßstäben Jesu gerungen. Christliche Unterweisung und Gebet, Teilhabe an der Gemeinschaft und der hilfreiche Dienst an den Kranken, Armen und Heilsuchenden waren in den Hauskirchen am besten aufgehoben. Hier bildeten sich die ersten Ämter und Dienste aus. Selbstverständlich kam der gastgebenden Familie eine herausragende Bedeutung zu. »Für die Zeit des Urchristentums kann man die Bedeutung der Hausgemeinden kaum hoch genug veranschlagen. Die Hausgemeinde war, so dürfen wir zusammenfassend sagen, Gründungszentrum und Baustein der Ortsgemeinde, Stützpunkt der Mission, Versammlungsstätte für das Herrenmahl, Raum des Gebetes, Ort der katechetischen Unterweisung, Ernstfall der christlichen Brüderlichkeit« *(H. J. Klauck)*.

In einer römischen Stadt wurden nur die offiziellen Kulte ausgeübt. Der jüdische Versammlungsort lag im gesellschaftlichen Abseits, außerhalb der Stadtmauern. Die Missionare beginnen dort, wo sie am besten anknüpfen können. Daß sie nur Frauen als Zuhörer anfinden, wird den tatsächlichen Gegebenheiten entsprechen, aber auch der großen Bedeutung von Frauen in der Urkirche und der Vorliebe des Lukas, dies nicht zu verschweigen. Dem Sprechen des Paulus entspricht das Zuhören der Lydia. Sie steht als Gottesfürchtige (wie Kornelius) dem jüdischen Glauben nahe. Glaube ist Geschenk (vgl. 2 Makk 1,4; Lk 24,45), und der Gläubige dient mit dem, was ihm gehört. Eine Hauskirche entsteht und damit ein Standort für die Missionare.

In der Exorzismusgeschichte geht es um eine andere Frau, nicht reich, sondern Sklavin, nicht gottesfürchtig, sondern erlösungsbedürftig. Wahrsagerei galt als Besessenheit. Hinter dieser Einschätzung steht das Wissen über die Schädlichkeit derartiger Praktiken und über die Außenseiterrolle derer, die sich dazu anbiedern. Dabei ist durchaus zuzugegeben, daß Wahrsagerei tatsächlich die Wahrheit an den Tag bringen kann. Aber wem nützt die Wahrheit, wenn sie aus der falschen Richtung kommt, verwirrt und verärgert? Selbstverständlich ist Paulus Diener des höchsten Gottes und Wegverkünder der Rettung. Er steht in der Nachfolge des Herrn (vgl. Lk 4,33–41) und ist auch darin den zwölf Aposteln gleich (vgl. Lk 9,1.2). Durch ihn handelt der Herr (vgl. Apg 3,6.16; 4,10.30).

Was für die Sklavin Rettung bedeutet, ist für ihre Besitzer Vernichtung ihrer kommerziellen Belange. Befreite Menschen sind nicht mehr ausbeutbar. Die gängige Ordnung scheint in Gefahr (VV. 20.21). Das Judentum muß als Sündenbock herhalten. Antijudaismus bricht aus, für Lukas ein Versehen, wie Vers 37 deutlich hervorhebt. Zwar wird die jüdische Herkunft des Christentums nicht verleugnet, aber es ist anders einzuschätzen. Die Christen verdienen eine andere Behandlung. Dies gehört zum Propagandastil des lukanischen Doppelwerkes gegenüber der römischen Obrigkeit. Das Christentum ist nicht staatsfeindlich, muß aber manche Praktiken im Staat ihrer Unmenschlichkeit wegen entlarven, wann immer es um Heil und Befreiung eines Menschen geht.

Die Befreiungserzählung der zu unrecht Gefangenen muß typologisch gelesen werden: aussichtslose Lage in tiefster Nacht, und dennoch die alles verwandelnde Kraft des Gotteslobes. Der Bibelleser denkt an den betenden Jona (2,2) und die drei jungen Männer im Feuerofen (Dan 3,24). Erdbeben, Sichöffnen der Türen und Abfallen der Fesseln sind feststehende Motive derartiger Befreiungsgeschichten. In solchen Geschichten werden Erfahrungen mit dem Gott der Befreiung verdichtet, Lebensprozesse von der Unselbständigkeit zur Selbständigkeit, von der Ausweglosigkeit zu neuer Lebensbefähigung.

Für den Gang der Apg wiederholt sich, was für das Schicksal der Diener des Wortes typisch ist: 5,19; 12,7–10. Paulus wird wie schon so oft dem Petrus ebenbürtig gemacht, um die Zusammengehörigkeit der Epochen und die Gradlinigkeit der Heilsgeschichte zu dokumentieren.

Durch die Befreiung der Gefangenen kommt der Gefängniswärter in eine ausweglose Lage. Aber christliche Erlösung geht nicht auf Kosten anderer, sondern ist immer Freiwerden für andere. Die geretteten Missionare werden zur Rettung des Gefängnisaufsehers, indem sie das Wort vom rettenden Glauben an Jesus, den Herrn, verkündigen. Eine zweite Hauskirche in Philippi entsteht. Wie die

Frage nach der Rettung an 2,37 erinnert, so das Mahl und die Freude an 2,46. Heil schafft Tischgemeinschaft, der bevorzugte Ort, um für den Glauben Gott zu danken.

Verse 35–40 machen deutlich: Das Recht steht auf seiten der christlichen Missionare. Die wunderbaren Geschehnisse und der Verlauf der Ereignisse lassen sie den Verantwortlichen als unerträglich erscheinen. Paulus und Silas sollen die Stadt verlassen (vgl. Lk 8,37). Christliche Mission muß damit rechnen, abgewiesen zu werden, obwohl sie nichts als Heil bringen will. Dennoch war das Wirken nicht erfolglos. Die Ablehnung hat auch etwas Positives: Sie bringt auf den Weg. Es gibt genug Orte mit anderen Menschen, denen das Heil gebracht werden muß.

Paulus in Thessalonich und Beröa (17,1–15)

Lukas schildert die Mission in den beiden Städten ganz allgemein. Thessalonich, die bedeutendste Stadt Mazedoniens, ist auch nach dem Zeugnis der Paulusbriefe vom Heidenapostel missioniert worden. Sein Aufenthalt dort war allerdings sehr viel länger als Lukas es nacherzählt (vgl. vor allem 1 Thess 1 und 2 und Phil 4,16). Über Beröa erfahren wir bei Paulus nichts. Lukas läßt Paulus wie Jesus (Lk 4,16) beginnen, ganz nach seiner schriftstellerischen Darstellungsweise (Apg 9,20; 13,5.14; 14,1; 17,1f.10.17; 18,4.19.26) und seinem heilsgeschichtlichen Konzept (Apg 13,46). Was unter der schriftgemäßen Verkündigung zu verstehen ist, weiß der Leser aus den biblischen Reden der Apg. Welche Bedeutung der Heiligen Schrift für das Verständnis von Kreuz und Auferweckung Jesu zukommt, wird durch Lk 24,25–27.44–46 nachdrücklich eingeschärft. Lukas macht deutlich, daß der Glaube nicht beliebig ist, sondern etwas mit der Erkenntnisfähigkeit und Einsicht zu tun hat (V. 4). Von den Juden lassen sich nur einige überzeugen, um so größer ist der Erfolg bei den gottesfürchtigen Griechen. Zum Hervorheben der wohlhabenden Frauen vgl. Lk 8,1–3 und Apg 16,14 (s.o.).

Den historischen Konflikt (1 Thess 1,4) gestaltet Lukas mit Anklängen an die Passionsgeschichte (Lk 23,2) und an das Stephanusschicksal (Apg 7,11–14). Der Vorwurf staatsgefährdenden Verhaltens verliert durch die Charakterisierung der Zeugen jegliche Glaubwürdigkeit. Lukas wirbt für das Christentum als unbedrohliche Kraft innerhalb des römischen Staates. Wo immer sich Christen ihrer Verkündigungsaufgabe stellen, wird es zu Konflikten kommen, werden sich die Geister scheiden. Der Verdacht staatsfeindlichen Verhaltens wird nie auszuräumen sein, wenn Christen aus Treue zum Evangelium anders sprechen und handeln als es in der Gesellschaft üblich ist und von der Staatsgewalt gedacht wird. So stehen die Christen wie Lukas unter ständiger Beweislast, nicht gegen den Staat, wohl aber für andere Maßstäbe im Staat.

Verfolgungen hindern die Verbreitung der Frohen Botschaft nicht, sondern bringen sie voran. Das negative Bild der Juden wird etwas abgemildert: Freundlichkeit, Offenheit und eigenständiges Forschen in den Schriften der Juden in Beröa begünstigen den Glauben. Wie schon in 14,19 läßt Lukas die Gegner aus der vorherigen Wirkungsstätte auftreten (V. 13). Athen, die nächste, äußerst wichtige Station, kommt in den Blick.

Paulus in Athen (17,16–34)

Vom Aufenthalt des Paulus in Athen erfahren wir auch in 1 Thess 3,1. Als Lukas die Apostelgeschichte schrieb, hatte Athen seine großen Zeiten bereits hinter sich, aber es lebte noch immer vom Glanz der Vergangenheit, war das Ziel vieler Touristen, hatte ein hervorragendes Bildungswesen und galt noch immer als Metropole griechischer Kultur. Für den gebildeten Lukas mußte dieser Stadt in seiner Missionsgeschichte des frühen Christentums eine besondere Rolle zukommen. Hier erreicht die Verkündigung den höchsten Grad der Öffentlichkeit. Die Rede kann als einer der Höhepunkte der Apostelgeschichte angesehen werden. Aufwendig wird alles ins Bild gestellt. Der Anspruch ist hoch, den die Rede verkörpert: Zwischen griechischer Gläubigkeit und Weisheit und dem christlichen Glaubensbekenntnis wird eine Brücke geschlagen. Neue Möglichkeiten der Verkündigung eröffnen sich, ein Versuch, der seitdem nie mehr zur Ruhe kommen wird, dessen Grenzen aber ebenso deutlich werden.

Athen hatte eine Fülle von Tempeln und Götterstatuen aufzuweisen. Das brachte die Athener in den Ruf, die »gottergebensten und frömmsten« Menschen unter den Griechen zu sein. Ganz anders läßt Lukas Paulus auf die Objekte der Religiosität reagieren (V. 16). Der entgegenkommende Ton der Rede ändert nichts an der Grundeinstellung. Nach der für die Apg typischen Kontaktaufnahme mit der Synagoge ist es die Öffentlichkeit des Marktes, der sich die christliche Botschaft zu stellen hat. Auf die Vorbildlichkeit des Sokrates wird angespielt. Unter den Gesprächspartnern werden besonders die epikureischen und stoischen Philosophen angeführt. Beide Richtungen versuchten auf ihre Art, mit der Endlichkeit und den Schattenseiten menschlicher Existenz leben zu lernen. Die Verkündigung des Evangeliums und der Auferstehung Jesu werden von den einen als Geschwätzigkeit abgetan, die anderen vermuten, etwas über neue Gottheiten erfahren zu können. Paulus wird auf den Areopag (= Areshügel) eingeladen. Die Einleitung der Rede (VV. 22.23) ist situationsbedingt. Entgegenkommend und ganz im Einklang mit dem antiken Ruf werden die Athener als besonders fromm bezeichnet. Als Begründung folgt der Hinweis auf einen Altar mit der Aufschrift „Einem unbekannten Gott". Belegbar sind Inschriften in der Pluralform. Man wollte damit das Wohlwollen auch der »unbekannten« Gottheiten sicherstellen. Lukas wählt für die Rede die nicht belegbare Singularform »einem unbekannten Gott«, damit den Athenern der biblische Gott verkündigt werden kann, eben nicht ein weiterer in der Zahl der unbekannten und bekannten Götter, sondern der einzige, dem im Grunde alle religiöse Verehrung gilt.

Die Mitte der Rede (VV. 24–29) verkündigt den biblischen Schöpfungsglauben. In einem ersten Schritt (VV. 24.25) werden die grundsätzlichen Unterscheidungsmerkmale des Christentums gegenüber der heidnischen Umwelt angedeutet. Das andere Gottesbild und die andere Praxis der Gottesverehrung bei den Christen erfahren eine theologische Begründung. Lukas geht mit allem Geschick vor, wenn er den biblischen Schöpfungsglauben zitiert, die in Apg 7,48.49 gemachte Tempelkritik verallgemeinert und im Einklang mit der popularphilosophischen Kultkritik der Stoiker und Epikureer jegliche Verfügung, Eingrenzung, Festlegung und Abhängigkeit Gottes verneint. Was schon in 14,17 anklang und durch Jes 42,5 feststeht, dient der Begründung: Gott ist der Geber aller guten Gaben. In einem zweiten Schritt (VV. 26.27) werden die Schöpfungsaussagen erweitert, um die Bestimmung des Menschen herauszustellen: Er soll Gott suchen. Die Erschaffung des Menschengeschlechtes ist in Gen 1,27f. ausgesagt. Lukas führt den Stammbaum Jesu (Lk 3,23–38) im Unterschied zu Mt 1,1–17 bis Adam zurück, um die Verbundenheit Jesu mit der gesamten Menschheit zu betonen. Durch die Schöpfung gehören alle Menschen zusammen. Gemeinsam sind sie in die von Gott geschaffene Ordnung von Zeit und Raum hineingestellt (14,17). Das alles signalisiert die Nähe des Menschen zu seinem Schöpfergott. Darum sollten die Menschen Gott suchen. »Gott suchen« meint nach der Bibel das Einlassen der ganzen Existenz auf den geschichtsmächtigen Gott (Dtn 4,29; Am 5,6; Ps 14,2; 24,6; 27,8; Jes 45,19; 55,6) und nach der stoischen Philosophie die Gotteserkenntnis. Für Lukas gehört beides zusammen. Die beiden Verben »ertasten« und »finden« unterstreichen dies. Natürliche Gotteserkenntnis und Erfahrung wird als Möglichkeit ernst genommen. Sie ist begründet in der grundsätzlichen Nähe Gottes zum von ihm geschaffenen Menschen.

Der dritte Schritt (VV. 28.29) handelt deswegen von der Gottesverwandtschaft des Menschen. Herangezogen wird stoisch-hellenistisches Gedankengut, einschließlich der Ablehnung des Bilderdienstes, wenn auch letzteres ganz auf dem Boden des Alten Testaments steht. Die Gottebenbildlichkeit des Menschen verbietet den heidnischen Götzenbilderkult. Geschaffenes darf nie an die Stelle Gottes treten. Es zerstört die Größe des Schöpfergottes und die Nähe des Menschen zu seinem Schöpfer. Es bleibt eine dringliche Anfrage, woran der Mensch sein Herz hängt. Als eigentliches Ziel der Rede haben Vers 30 und 31 zu gelten. Mit »Zeiten der Unwissenheit« wird Vers 23 aufgenommen. Das »Hinwegsehen« Gottes erinnert an 14,16. Die Verkündigung der Umkehr aller an allen Orten faßt die Notwendigkeit des gesamten Christusgeschehens universal und summarisch zusammen (vgl. Apg 26,29). Der Leser weiß um die Bedeutung der Umkehr. Zeigte sich Gott bisher mit dem Heidentum nachsichtig, so zeigt er *jetzt* durch die Verkündigung den einzig lebensnotwendigen Weg. Die Dringlichkeit der Umkehr wird in der Aussage über den göttlichen Gerichtstag offenbar. Das Endgericht gehört zum festen Bestand des christlichen Glaubensbekenntnisses. Die inhaltliche Seite der Aussage ist dem Leser in den beiden Eschatologiereden Lk 17,20–37 und 21,5–36 erschlossen (s. auch Apg 10,42f.). Die Aussagen wollen nicht drohen, sondern in die Pflicht nehmen. Das Leben ist nicht beliebig, es hängt alles davon ab, seinen Sinn nicht zu verfehlen. Der von Gott bestimmte Richter ist für alle beglaubigt und darum glaubwürdig durch seine Auferweckung von den Toten. Die Auferstehungsbotschaft bildet den Höhepunkt und Abschluß der Verkündigung. In ihr ist grundsätzlich alles christliche Reden und Handeln begründet.

Lukas gestaltet also die Areopagrede wesentlich mit Hilfe biblischer Schöpfungstheologie und Eschatologie (vgl. 1 Thess 1,9.10), um den einzig wahren Gott zu erschließen. Sind die Schöpfungsaussagen besonders geeignet, unterschiedliche biblische und hellenistische Motive miteinander zu verknüpfen, so dient die Richteraussage dazu, die Verkündigung der Umkehr in ihrer ganzen Dringlichkeit zu Gehör zu bringen. Der Grund dafür liegt in der alles entscheidenden Auferweckungsaussage, die nicht nur betont an den Schluß der Rede gestellt ist, sondern darüber hinaus einzig und allein Zustimmung oder Ablehnung bewirkt. Insgesamt ist die Rede programmatisch zu verstehen, wie die Verkündigung vor Heiden und die Auseinandersetzung mit ihnen aussehen kann und soll. Vorbildlich ist das Ernstnehmen und Eingehen auf die Welt der Andersgläubigen, ohne bei aller Behutsamkeit den Anspruch der christlichen Botschaft zu verschleiern.

Der auf die Auferweckung Jesu hin komponierte Schluß der Rede führt in den Versen 32–34 zum Unverständnis des Kernstükkes christlichen Glaubens. Vers 32 erinnert an 2,13. Die Verkündigung ist aber auch in Athen nicht umsonst (V. 33). Die Bekehrung des Dionysius, eines Mitgliedes des aristokratischen Führungsgremiums von Athen, ist sicher eine historische Erinnerung, soll aber in der Apg werbend signalisieren, daß der christliche Glaube auch Anhänger in den höchsten Schichten findet.

Paulus in Korinth (18,1–17)

Lukas verarbeitet in diesem Abschnitt einzelne Informationen von hoher historischer Glaubwürdigkeit, die durch seine Kompositionskunst zu einer Einheit zusammengefügt werden, so daß das

Ganze wieder sehr von seinem Stil und seiner Aussageabsicht bestimmt wird.

Korinth, eine Stadt ohne lange Tradition, war durch seine geographische Lage ein bedeutendes Handelszentrum und Provinzhauptstadt von Achaia mit einer gemischten Bevölkerung, unter ihnen viele Handwerker und Sklaven, verrufen durch sein Dirnenwesen. Die Vielschichtigkeit der Stadt mit ihren weitläufigen Verbindungen spiegelt sich bald in der Bedeutung, aber auch in den Problemen der Gemeinde wider (vgl. 1 und 2 Kor). Bei seinem ersten Besuch trifft er auf das wohlhabende Ehepaar Aquila und Priska (vgl. 1 Kor 16,19; Röm 16,3). Sie waren Christen aus Rom. Lukas verbindet ihre Übersiedlung nach Korinth mit dem Judenedikt, das Kaiser Claudius während seiner Regentenschaft im Jahre 41 erlassen hatte. In einer Synagoge der römischen Judenschaft war es zu Auseinandersetzungen um das Christentum gekommen. Der Verdacht auf staatsgefährdende Unruhen führte zur Ausweisung der Beteiligten und zum Verbot der jüdischen Versammlungs- und Vereinsrechte. Die Angaben über Priska und Aquila sind glaubwürdig, ebenso die Aussage über die berufliche Tätigkeit des Paulus bei ihnen, wie z.B. 1 Kor 4,12 nahelegt (s. Apg 20,33.34 und 1 Kor 9,13–15).

Vers 4 entspricht ganz dem Programm lukanischer Darstellung, die Mission in den Synagogen beginnen zu lassen. Hinter Vers 5 kann vermutet werden, daß Paulus durch eine Spende (vgl. Phil 4,10–20) in die Lage versetzt wurde, sich ganz der Verkündigung zu widmen. Inhalt des Zeugnisses ist die Messianität Jesu, wie sie im Lukasevangelium und in den Reden der Apg hinlänglich dargelegt ist. Wie immer in der lukanischen Darstellung folgt die Ablehnung. Sie ist hier umfassend. Lukas läßt Paulus entsprechend heftig reagieren. Die symbolische Geste des Staubabschüttelns bedeutet Trennung (vgl. 13,51; Lk 9,5; 10,11). Die Redewendung »euer Blut kommt über euer Haupt« steht auch hinter 5,28 und 20,26 (vgl. Mt 27,24 f.). Sie stammt aus dem sakralen Recht Israels (z.B. Ri 9,24; 2 Sam 1,16; Ez 3,16–21; 33,1.9), hat von dort her den unerträglichen blutigen Verwünschungsklang. Als Sprichwort besiegelt die Wendung den totalen Bruch in einer Leben oder Tod bestimmenden Frage. Paulus ist nicht schuld daran. Der Weg zu den Heiden wird wie in 13,46 nochmals programmatisch als Folge betont und durch den Wechsel in das Haus des Titius erzählerisch vollzogen (V. 7).

Die Bekehrung des Synagogenvorstehers Krispus (V. 8) ist durch 1 Kor 1,14 belegt. Erzählerisch ist ein hoher Grad an Unerträglichkeit erreicht: das Wohnen des Paulus neben der Synagoge bei einem Gottesfürchtigen, der also bisher zu den Sympathisanten des jüdischen Glaubens gehörte, nun auch noch der Übertritt des Synagogenvorstehers und seiner Familie und der Missionserfolg bei den Korinthern. Der Konflikt (VV. 13–17) ist programmiert. Die Synagoge muß sich in ihrem Bestand bedroht fühlen, was ganz den historischen Gegebenheiten entsprochen haben wird, hier aber in meisterhafter Kürze von Lukas in Szene gesetzt ist.

Vor dem Konflikt erzählt Lukas von einer Vision des Paulus (vgl. 16,9; 23,11; 27,24). Das Erzählgut der Menschheit ist voller Beispiele, wie sich wichtige Schritte im Leben eines Volkes, einer Gruppe oder eines einzelnen auf träumerische und visionäre Weise ankündigen. Dahinter steht die allen Menschen mögliche Erfahrung, daß sich das Richtige weniger durch die Leistung von Verstand und Willen einstellt, sondern aus der Tiefe der Seele und des Herzens hervorzuheben vermag, aus jenem Kern, wo menschliche Weisheit und der Kontakt zu Gott am reinsten erhalten ist. Die Vision in den Versen 9–10 offenbart den göttlichen Grund der paulinischen Mission und ihrer Erfolge, überwindet die Ängste angesichts gewesener und bevorstehender Widerstände, schenkt Gewißheit und unterstreicht die Bedeutung der jungen Kirche von Korinth.

Die Szene vor Gallio (V. 12–17), dessen Amtszeit als Prokonsul für 51/52 n. Chr. gesichert erscheint, ist von Lukas idealtypisch ausgestaltet worden. Paulus wird als Feind des Staates angesehen und entsprechend angeklagt (vgl. 17,7). Vor derartigen Fehlurteilen aber will Lukas gerade das Christentum entlasten und bewahren. Entsprechend wird der Konflikt als Angelegenheit zwischen Juden und Christen abgetan. Der Vertreter des Staates muß feststellen, daß christliche Mission weder ein Vergehen noch ein Verbrechen ist und Christen weder Gesetzesbrecher noch Staatsfeinde sind. Gallio wird als vorbildlicher Staatsmann dargestellt, der eine positive öffentliche Meinung über das Christentum vertritt. Leider geht der Nicht-Prozeß zu Lasten des Synagogenvorstehers Sosthenes aus. Was für die lukanische Dramaturgie hingehen mag, kann nach der europäischen Entwicklung des Antisemitismus nicht mehr ohne Vorbehalte gelesen werden.

Die Rückkehr des Paulus über Ephesus nach Antiochia (18,18–22)

Wahrscheinlich hat Lukas ein Verzeichnis der Missionsstationen des Apostels Paulus vorgelegen: Korinth, Ephesus, Cäsarea, Jerusalem, Antiochia, Galatien, Phrygien, Ephesus (s.o.), verbunden mit der Nachricht von der Übersiedlung des Ehepaares von Korinth nach Ephesus (vgl. 1 Kor 16,19) und von einem Gelübde des Paulus (Apg 21,23–26). Über Anlaß und Ziel des Gelübdes wissen wir nichts. Lukas ist diese Erinnerung willkommen, um Paulus als immer noch treuen Juden-Christen zu kennzeichnen. Das Nasiräer-Gelübde ist in Num 6 grundgelegt und beinhaltet eine besondere Weihe an Gott, verbunden mit einer Reihe von Auflagen, die Lukas nicht zu kennen scheint (Verzicht auf alkoholische Getränke und Trauben, auf Berührungen einer Leiche, Schneiden des Haares nach Ablauf des Gelübdes und dessen Verbrennung im Opferfeuer des Jerusalemer Tempels, Darbringung von Opfern, das Ganze verbunden mit Kosten). Paulus beginnt nach der schriftstellerischen Gesetzmäßigkeit des Lukas seine Verkündigung wieder in der Synagoge. Auch in Ephesus ist er der Gründer der Gemeinde. Die Erzählung bleibt episodenhaft, das eigentliche Wirken in Ephesus wird erst in Kapitel 19 ausgebreitet. Die Formel »wenn Gott will« ist in der Antike und auch heute noch sprichwörtliches Allgemeingut (vgl. 1 Kor 4,19; 16,7; Hebr 6,3 und besonders Jak 4,15). Hier drückt sie die lukanische Überzeugung aus, daß alles nach Gottes Plan geht, der Lauf des Wortes und die Wege seiner Boten. Das Wirken des Christen in der Welt und sein Dienst am Menschen darf sich getragen wissen von Gottes eigenem Plan, der allerdings nicht in der Verfügungsgewalt des Menschen steht, ihn unerwartet treffen und führen kann und mit der Offenheit des Herzens bereitwillig erforscht werden will.

Der Besuch in Jerusalem ist mit Rücksicht auf das vorgegebene Reiseverzeichnis nur angedeutet. Jerusalem bewahrt sich Lukas für die Kapitel 21 – 23 auf. Für Lukas ist die Reise des Paulus ein

Zeichen der Verbundenheit mit der Gemeinde in Jerusalem. Einer Generation, die selbst nicht mehr zum Judentum gehört, ihren Glauben aber ohne das Judentum nicht begreifen kann, wird von Lukas immer wieder der Ursprung des Glaubens vor Augen gestellt. Nur der Christ, der seine Wurzeln kennt, begreift sich selbst.

4. Die dritte Missionsreise des Paulus (18,23 – 21,17)

Paulus in Galatien und Phrygien (18,23)

Die Rückkehr nach Antiochia (18,22) und der erneute Aufbruch des Paulus (18,23) haben dazu geführt, eine dritte Missionsreise anzunehmen. Die Annahme ist historisch zweifelhaft (s.o.) und literarisch nicht geboten. Neue Gemeinden werden nicht mehr gegründet. Jedenfalls läßt Lukas den Apostel die Gemeinden im galatischen Land und in Phrygien (vgl. 16,6) besuchen. Die weitere Sorge für die gegründeten Gemeinden gehört zum Beruf des Missionars. Der Bekehrte bedarf auch weiterhin der Stärkung durch den Diener des Wortes. Außerdem entspricht es dem historischen Tatbestand: Die Autoritäten der ersten Christengemeinden waren und blieben die Wandercharismatiker, Apostel und Missionare.

Die Missionsarbeit des Apollos in Ephesus (18,24–28)

Die Episode ist dem Lukas vorgegeben und von ihm ausgestaltet worden. Apollos war ein hochangesehener Wandercharismatiker, der als Juden-Christ selbständig durch die Lande zog. Redekunst, Schriftkenntnisse und Unterweisung in der Lehre waren die Grundlagen des guten Wanderpredigers, verbunden mit leidenschaftlicher Begeisterung (»brennt im Geist« vgl. Röm 12,11). Lukas schränkt die Bedeutung des selbständigen Apollos ein, läßt ihn als ungetauft (V. 25) und genauerer Unterweisung bedürftig erscheinen. Der freischaffende Wandercharismatiker wird in die apostolische Kirche eingebunden. Dahinter können Schwierigkeiten der Gemeinden mit den Wanderpredigern stehen (vgl. 2 Joh 7–11). Empfehlungsschreiben waren üblich (vgl. 2 Kor 3,1) und angebracht. Das Wirken des Apollos in Korinth ist durch den

1. Korintherbrief hinlänglich belegt (1 Kor 1,12; 3,4–6.22; 4,6; 16,12). Dort war Apollos die Autorität einer Gruppe, die dem Paulus Schwierigkeiten bereitete und die Einheit der Gemeinde gefährdete. Lukas schreibt davon nichts. Ihm geht es darum, Apollos als eine große Hilfe in der Verkündigung zum schriftgemäßen Erweis der Messianität Jesu zu zeigen. Der Leser weiß aus den Reden der Apg, was gemeint ist. Die Verbreitung des Evangeliums bedurfte und bedarf des Einsatzes begabter und begeisterter Einzelgänger mit einer starken Einbindung in die Gemeinschaft der Kirche und auf dem Fundament der Apostel.

Die Begegnung des Paulus mit Johannes-Jüngern (19,1–7)

Lukas verarbeitet eine Notiz über die Existenz von Johannes-Jüngern und deren Gewinnung für den christlichen Glauben. An Größe und Bedeutung des Täufers läßt Lukas in seinem Doppelwerk keinen Zweifel, doch wird Johannes durch überbietende Parallelisierung mit Jesus verknüpft, auf ihn heilsgeschichtlich ausgerichtet und zum Vorläufer des Messias an der Nahtstelle zweier unvergleichlicher heilsgeschichtlicher Epochen (vgl. Lk 1,5 – 2,52; 3,1–20; 7,18–30; 16,16; Apg 13,24.25).

Johannes und seine Jünger

Johannes, der Täufer, gehört zu den faszinierenden Gestalten des Judentums zur Zeit Jesu. Vielleicht gehörte er zur Büßergemeinschaft von Qumran. Mit Qumran war er zutiefst von der völligen Unheilssituation des Volkes Israel und von dem nahen Gericht Gottes überzeugt. Die Wassertaufe sieht er als letzte von Gott gegebene Möglichkeit, beim sicheren Zorngericht Gottes zu bestehen. Jesus selbst stand der Botschaft des Täufers sehr nahe, sonst hätte er sich nicht von ihm taufen lassen. Mit dem Täufer war auch Jesus von der totalen Erlösungsbedürftigkeit seines Volkes überzeugt. Aber Jesus verkündigt nicht ein unentrinnbares Gericht Gottes, sondern das Heil der Gottesherrschaft. Die Anhänger des Täufers sahen in Johannes den von vielen Juden erwarteten priesterlichen Messias, den Wegbereiter Gottes und Friedensstifter. Die Kindheitsgeschichte des Täufers in Lk 1 dürfte in der Johannes-Gemeinde entstanden sein, um in bewußter Gegenposition zur Gruppe der Jesus-Anhänger die Bedeutung des Johannes grundsätzlich theologisch und heilsgeschichtlich darzustellen. Zur Zeit des Lukas hatte sich das Christentum gegenüber der Täuferbewegung durchgesetzt. Johannes wurde als Vorläufer Jesu gesehen. Seine hervorragende Stellung blieb gesichert. Lukas weiß Großes über ihn zu sagen, aber in überbietender Parallelität noch Größeres über Jesus Christus. Die Gestalt des Täufers steht im Dienst der Christus-Verkündigung. Die Taufe wurde übernommen, aber nicht als Zeichen der Umkehr, um vor dem nahen Gericht bestehen zu können, sondern als Ausdruck des mit Jesus Christus bereits begonnenen endzeitlichen Heiles.

Als Unterscheidungsmerkmal zwischen Johannes-Jüngern und Jesus-Jüngern gilt für Lukas der Geistempfang (vgl. Lk 3,16). Die Gabe des Geistes ist das wichtigste Kennzeichen der Kirche (Apg 2,1–13), symbolisiert durch die Taufe auf den Namen Jesu und durch die Handauflegung. In der Taufe auf den Namen Jesu unterstellt sich der Gläubige ganz der Herrschaft Jesu, tritt so in die Heilsgemeinschaft des Herrn (vgl. Röm 6). Die Geistbegabung war in der Urkirche mit der Taufe verbunden, zur Zeit des Lukas aber wohl zu einem weiteren Ritus, nämlich durch Handauflegung, entwickelt worden (vgl. 2,38; 8,17). »Der Heilige Geist kam auf sie herab« formuliert Lk 1,35 und Apg 1,8, von Zungenrede und Prophetie spricht 2,4.17; 10,46. Die Gabe des Geistes vermag den Gläubigen in eine für Außenstehende unverständliche Ergriffenheit (vgl. 1 Kor 14) und in die prophetische Lage zu versetzen, im richtigen Augenblick mit dem richtigen Wort zu ermuntern, aufzubauen und zu trösten (vgl. 1 Kor 14,3). Die geistgegebenen Fähigkeiten gilt es immer wieder neu zu entdecken.

Das Wirken des Paulus in Ephesus (19,8–10)

Zum historischen Kern des Abschnittes gehört die zweijährige Tätigkeit (ca. 48–50 n. Chr.) des Paulus in Ephesus, sein Bemühen um Juden und Heiden. Entsprechend der lukanischen Programmatik (13,46) beginnt Paulus seine Verkündigung in der Synagoge. Inhalt ist das Reich Gottes (s.o.). Der christliche Missionar hat nichts anderes zu verkündigen als Jesus selbst, ganz nach dem Zeugnis des Lukasevangeliums (vgl. Apg 8,12; 20,25; 28,23.31). Lukas ist der einzige neutestamentliche Schriftsteller, der außerhalb der Evangelien die Reich-Gottes-Botschaft Jesu und die seiner Verkünder in eins setzt. Zeit Jesu und Zeit der Kirche bilden eine Epoche. Im Gegensatz zur Erstverkündigung (18,20) schildert Lukas hier eine gesteigerte Ablehnung des christlichen Weges: Verstockung, Widerstand, Spott. Wieder kommt es zum Zerwürfnis, diesmal aber nicht nur als Absonderung wie in 18,7, sondern als Trennung. Der Bruch zwischen Juden- und Christentum, wie er zur Zeit des Lukas bestand, wird stärker. Die tägliche Lehrtätigkeit im Lehrsaal des Tyrannus läßt Paulus – und damit das Christentum – wie schon auf dem Areopag als ebenbürtigen Partner der damaligen Bildungswelt erscheinen. Daß alle Bewohner der Provinz Asiens das Wort des Herrn hören, entspringt nicht einer maßlosen Übertreibung des Lukas, sondern beruht auf der Missionserfahrung, die Menschen einer Region am ehesten in ihren Zentren zu erreichen. Ephesus galt als die wichtigste und größte Stadt Kleinasiens, Hauptstadt der römischen Provinz Asia, Sitz des Prokonsuls und berühmt nicht zuletzt durch den Kult der Artemis.

Die Wundertaten des Paulus in Ephesus (19,11–20)

Zur christlichen Botschaft gehört die Rettung des Menschen aus Krankheit und geistiger Verwirrung. So schildert auch Lukas seinen Paulus als wundermächtigen Missionar, ganz nach dem Vorbild Jesu und seiner Apostel, besonders des Petrus (5,12–16). Paulus selbst spricht über seine therapeutischen Fähigkeiten im Dienst an den Heiden in 1 Kor 12,12 und Röm 15,18.19.

In den Versen 13–16 verarbeitet Lukas eine Geschichte über

sieben jüdische Wanderexorzisten, um die Überlegenheit Jesu und seiner Verkündiger gegenüber jüdischen – und damit allen sonstigen – Exorzisten drastisch vor Augen zu stellen. Die heilschaffende Wirksamkeit des Namens Jesu wird an den Glauben gebunden. Zwischen christlichem Heil und Zauberei wird eine klare Trennungslinie gezogen. Unser Wissen vom Menschen hat inzwischen zu anderen Einschätzungen von Geistesverwirrung und angeblicher Besessenheit und damit auch zu anderen Therapien geführt. Biblische Exorzismusgeschichten und ihr Umgang mit bösen Geistern lassen sich heute nicht mehr mit der Unbefangenheit lesen, wie Lukas es für seine Leser voraussetzt. Doch das Problem bleibt. Wie können Menschen zu allen Zeiten, die verwirrt, vor allem irregeführt, besetzt und gefangen sind, gesund werden? Die christliche Botschaft beansprucht, den Menschen im Kern zu befreien.

Um die befreiende und ansteckende Wirkung Jesu und seiner Boten geht es in den Versen 17–20. Wer gläubig geworden ist, überwindet die Abhängigkeit von Scheinlösungen seiner Probleme. Das offene Zugestehen von abergläubischen Zauberpraktiken und offenes Verbrennen von Zauberbüchern ist ein Zeichen der neugewonnenen Freiheit. Das Wort des Herrn wirkt mit Macht in dem Maße, als sich Menschen von ihm erlösen lassen (vgl. 6,7; 12,24).

Der Aufruhr der Silberschmiede (19,21–40)

Die Verse 21 und 22 sind als Parallele zu Lk 9,51.52 geschaffen worden. Das Wirken des Paulus kommt zum Abschluß. Was vor ihm liegt, hat ein anderes Gewicht. Der Leidensweg Jesu wird zum Leidensweg des Apostels. Wie der Weg Jesu nach Jerusalem in das Leiden führt, so wird Paulus in Jerusalem seine Passion beginnen. Wie Jerusalem für Jesus gerade durch die Passion zum Ort des Sieges, zum Ausgang des Wortes für die Welt und zum Beginn der Kirche wird, so gelangt Paulus nach der Darstellung des Lukas nicht ohne seine Verhaftung in Jerusalem nach Rom, dem Zentrum der damaligen Welt, um von dort das Christuszeugnis ohne Begrenzung auszubreiten. Lukas möchte an Paulus sichtbar werden lassen, was jeder Bote der Frohen Botschaft in der Nachfolge Jesu zu erwarten hat.

Timotheus, nur hier und in 20,4 erwähnt, war in Wirklichkeit der wichtigste Mitarbeiter des Paulus (vgl. 1 Thess 1,1; 3,2; Phil 1,1; 2,20; 2 Kor 1,1; 16,10f.; Röm 16,21).

Die dramatische Episode vom Aufstand der Silberschmiede bildet einen Höhepunkt in der lukanischen Darstellung paulinischer Mission, ihrer gottgegebenen Wirkung und Überlegenheit. Trotz der Bedrohung, die selbstverständlich vom Christentum für den heidnischen Kult und die damit verbundenen Geschäfte ausgeht, sind die Christen eben nicht Tempelräuber und Lästerer der heidnischen Götter (V. 37). Die notwendigen Konflikte will Lukas in Grenzen halten und die Rechtssicherheit der Christen gewahrt sehen. Hinter der lukanischen Darstellung steht ein äußerst gefährlicher Konflikt, der Paulus nach 2 Kor 1,8–10 und Phlm 23 in die verzweifelte Lage einer Gefangenschaft in Ephesus brachte. Lukas verschweigt diesen Ausgang, um das Leiden des Apostels mit Jerusalem verbinden zu können. Ihm geht es um eine grundsätzliche Stellungnahme zum heidnischen Kult und dem damit verbundenen Geschäftsgebaren. Ephesus eignete sich dafür in hervorragender Weise.

Der Kult der Artemis verband die Verehrung der »Großen Mutter« mit griechischen Gottesvorstellungen. Gegenstand der Verehrung war eine Kultstatue der »Großen Mutter«, eine sich nach unten verjüngende, bekrönte, madonnenähnliche Gestalt mit einer Vielzahl von Brüsten. Sie galt als vom Himmel gefallen (V. 35) und wurde in einem als Weltwunder geltenden riesigen Tempelbau (etwa 120 m lang, 70 m breit, mit über 100 Säulen von 19 m Höhe) verehrt. Wie an allen Wallfahrtsorten brachte der große Pilgerstrom und Touristenverkehr der Bevölkerung nicht unerhebliche Einkünfte. Die Archäologen konnten Reiseandenken, Weihegeschenke, Amulette und silberne Artemis-Statuetten zu Tage fördern.

Wenn Lukas – wie schon in 16,19 – wirtschaftliche Gesichtspunkte als Grund der Auseinandersetzung angibt, so entspricht das nicht nur den geschichtlichen Wirklichkeiten des ausgehenden 1. Jahrhunderts, sondern seinem Ziel, die eigentlichen Interessen der Vorwürfe zu entlarven und nicht zuletzt ganz nach den Armutsvorstellungen des lukanischen Doppelwerkes die Unvereinbarkeit von Glaube und Geschäftemacherei herauszustellen. Ansonsten ist der Aufstand typisch: Unruhe entsteht am ehesten bei denen, deren Besitzstand in Gefahr ist. Die Vorwürfe, die Lukas den Silberschmieden in den Mund legt, geben – abgesehen von der situationsgebundenen Polemik – wieder, was Inhalt und Ziel missionarischen Handelns in Wort und Tat ist: die Überwindung des Heidentums einschließlich der damit verbundenen Gewinnsucht. Die Verkündigung des christlichen Glaubens entthront alles, was Menschen fälschlicherweise an die Stelle des wahren Gottes stellen. Verse 30.31 halten Paulus aus dem Geschehen heraus. Was er zu seiner Verteidigung zu sagen hat, ist den Kapiteln 22 – 26 vorbehalten. Hohe Beamte stehen auf seiten des Paulus, ein Hinweis, wie sehr das Christentum die Hilfe und den Schutz durch staatliche Stellen verdient und benötigt.

Die Szene vom Auftreten des Juden Alexander (VV. 32–34) veranschaulicht die Nähe von Juden- und Christentum, aber auch die Trennung, denn die beabsichtigte Rede sollte nicht das Christentum verteidigen, sondern die Juden von den Christen abgrenzen. Der zeitgeschichtliche Antisemitismus fließt ein. Die zweistündige Akklamation der Artemis bildet den Höhepunkt des Aufruhrs (V. 34).

In der Rede des Stadtschreibers wird der damals gegen Juden verbreitete Verdacht des Tempelraubes und der Götterlästerung vom Christentum ferngehalten. Das Christentum empfiehlt sich dem Schutz und der Rechtmäßigkeit der Staatsgewalt. Für zu befürchtende staatsgefährdende Unruhen gibt es keine Veranlassung. Das Christentum ist entlastet. Ein evangeliengemäßes, in die Welt hineinwirkendes Christentum wird auch in anderen Zeiten und mit anderen Themen Unruhe auslösen, sich verdächtig machen und eine rechtsstaatliche Behandlung einfordern müssen.

Paulus in Mazedonien und Griechenland (20,1–6)

Der Abschnitt führt 19,21.22 fort, die Stationen sind durch die Paulusbriefe belegt; ebenso vorgegeben ist die Namensliste. Ursprünglich handelt es sich wohl um eine Kollektenreise des Apostels (vgl. 2 Kor 8 und 9; Röm 15,25 f.), die von Lukas in 24,17 nur angedeutet wird.

Sowohl die Schwierigkeiten der Gemeinde als auch die Abschiedssituation bedingen eine Ermunterung der Christen durch ihren Wanderprediger (vgl. 11,23; 14,22; 15,32; 16,40; 18,23). Es reicht nicht, einen Menschen mit dem christlichen Glauben vertraut zu machen, er bedarf der weiteren fürsorglichen Ermunterung. Der geplante Anschlag der Juden auf Paulus (V. 3) erinnert an die ständige Bedrohung der Mission durch die Juden. Sie wird in Jerusalem ihren Höhepunkt finden. So sehr Paulus als die zentrale Persönlichkeit der Mission herausgestellt wird, so ist sein Werk nicht ohne Mitarbeiter denkbar. Christliche Verkündigung ist an den persönlichen Einsatz aller Kräfte gebunden und geschieht niemals als Alleingang, sondern in Gemeinschaft. Jeder braucht für die Erfüllung seiner Berufung die Hilfe des anderen. Nach Vers 6 feiert die christliche Gemeinde Ostern (vgl. Lk 22,7).

Der Abschiedsbesuch des Paulus in Troas (20,7–12)

Der Abschnitt enthält das älteste Zeugnis über die sonntägliche Eucharistiefeier. Vers 7 weist auf Lk 24,1 und 13 und auf Apg 2,46 zurück. Wie in Lk 24,29 ist der Zeitpunkt der Eucharistie der Abend; sie findet in einem Obergemach statt (vgl. Lk 22,12 und Apg 1,13). Mit der Eucharistie ist der Dienst am Wort verbunden (vgl. Lk 24,25–27 und Apg 2,42). In der heiden-christlichen Gemeinde vollzieht sich, was im Evangelium und in den Jerusalemer Anfängen der Kirche grundgelegt ist. Aus dem gerafften Stil der lukanischen Darstellung darf nicht entnommen werden, daß nur Paulus aß. Der Leser des lukanischen Doppelwerkes weiß durch seine Erfahrung und durch Lk 22,14–22, was mit dem Brotbrechen gemeint ist. Für Paulus wird wie für Jesus die Eucharistie zum Abschiedsmahl.

Lukas verbindet kunstvoll mit der Eucharistiefeier eine Wundergeschichte von der Erweckung des Eutychus. Das Handeln des Paulus steht in einer Linie mit dem Wirken des Elija (1 Kön 17,21), des Elischa (2 Kön 4,34), Jesu (Lk 7,1–17; 8,42–56) und des Petrus (Apg 9,36–42). Wundergeschichten gewinnen an Bedeutung, wenn sie nicht historisch, sondern symbolisch gedeutet werden. Die Feier der Eucharistie erscheint als der Gott nahe und darum obengelegene Raum des Lichtes und des Lebens. Schlaf als Anzeichen der Nichtteilnahme führt zum tödlichen Sturz vom Licht in das Dunkel, vom Drinnen nach Draußen, von der

Gemeinschaft in das Alleinsein, von oben nach unten, vom Leben in den Tod. In der persönlichen Zuwendung bewirkt der Diener Gottes die Auferweckung zu einem neuen Leben. Es kommt zur Umkehr des Weges, aus dem Tod zum Leben, von unten nach oben, vom tödlichen Alleinsein in die lebenschaffende Gemeinschaft des Mahles und des Wortes, von draußen nach drinnen, von der Finsternis in das Licht. So erweist sich der Text als eine Geschichte, in der sich unabhängig von einer bestimmten historischen Situation die wunderbare Bedeutung der christlichen Eucharistiefeier vorbildlich verdichtet hat. Nicht zuletzt deswegen kann Lukas die Gemeinde voller Zuversicht zurücklassen (VV. 11.12), trotz des Abschieds eines Paulus, der sich auf den Weg nach Jerusalem macht, seiner Passion entgegen.

Von Troas nach Milet (20,13–16)

Neben der erzählerischen Absicht, Übergänge zwischen einzelnen Episoden zu schaffen, verwirklicht der Abschnitt auch das inhaltliche Anliegen des Lukas, Paulus so wie Jesus (Lk 9,51; 13,22; 17,11; 19,28), ganz nach dem heilsgeschichtlichen Gesetz von Lk 13,33, auf dem Weg nach Jerusalem – dem notwendigen Ort auch seiner Passion – zu beschreiben (vgl. 19,21 f.). Mit Paulus sieht sich der Leser auf den Weg Jesu gewiesen und so wie dieser entschlossen zu sein, keine Zeit zu verlieren (V. 16).

Die Abschiedsrede des Paulus in Milet (20,17–38)

Die Rede des Paulus ist situationsbedingt an die Ältesten der Gemeinde von Ephesus gerichtet, hat aber die Kirche zur Zeit des Lukas, besonders deren Verantwortliche, im Blick und bedient sich der literarischen Form von Abschiedsreden (vgl. Gen 47,29 – 49,33; Dtn 31 – 34; Jos 23 f.; 1 Sam 12; 1 Kön 2; 1 Chr 28 f.; Tob 14; 1 Makk 2,49–70; Mk 16,14–19; Mt 28,16–20; Lk 22,24–30; 24,44–52; Joh 13 – 17). Lukas hat die Rede aus Verantwortung gegenüber dem urkirchlichen und paulinischen Erbe gestaltet. Mit Hilfe der unbestreitbaren Autorität des Apostel Paulus werden Probleme der nachapostolischen Zeit, nämlich der dritten Generation, aufgegriffen, um Maßgebliches und Grundsätzliches über die

Kirche und den Dienst in ihr zu sagen. Die Abschiedsrede soll die Verbindlichkeit eines Testaments haben und zugleich wie ein Denkmal der Verehrung des Paulus dienen.

Die Verse 18–21 erinnern situationsgemäß an das Wirken des Paulus in Asien; sie charakterisieren den Dienst des Paulus und entwerfen damit ein Bild, wie ein Diener des Herrn zu sein hat. »Dem Herrn dienen« ist die wichtigste Aussage. Paulus nennt sich selbst »Knecht Jesu Christi« (Röm 1,1; 2 Kor 4,5; Phil 1,1) und stellt sich damit in die Reihe der großen Gestalten des Alten Testaments (vgl. z.B. Num 12,7; 1 Kön 3,6; Apg 4,25). Der Knechtsdienst ist souveräne Erwählung durch den Herrn, totale Übereignung an den Herrn und Abhängigkeit des Erwählten von seinem Herrn. Dieser Knechtsdienst vollzieht sich grundsätzlich in der Mitte der Gemeinde. »In aller Demut« bestimmt das Verhältnis des Dienstes dem anderen gegenüber, ganz im Sinne von Phil 2,3 und Mk 10,44. »Unter Tränen« meint nach Vers 1 die Intensität und auch die rastlose Mühe um den einzelnen (vgl. 2 Kor 2,4). Als »Prüfungen« werden Verfolgungssituationen des Knechtsdienstes und Widerstände gegen den Weg der Christen gekennzeichnet. Wer sich dem Glauben verschrieben hat, ist bedroht und gefährdet, und der Glaube wird einer schweren Bewährungsprobe und Prüfung unterworfen. Daran nicht zu zerbrechen, ist die Bitte des Herrengebetes (Lk 11,4). Der Knechtsdienst besteht in der unverkürzten Verkündigung und Lehre nach innen und außen. Das Christentum hat keine Geheimlehren und Sonderwege. Dahinter verbirgt sich ein Problem der lukanischen Zeit. Offenbar stand das Christentum im Verdacht geheimer und undurchschaubarer Machenschaften. Es gab auch Richtungen innerhalb der Kirche, die sich mit Berufung auf Paulus abweichende Meinungen und Wege erlaubten. Das Problem mit Irrlehrern zeigt sich an. Jegliche Verkündigung und Lehre wird an die Anfänge gebunden, wie sie im lukanischen Doppelwerk veröffentlicht und jedermann zugängig ist. Es geht um die Zuverlässigkeit der Lehre (Lk 1,4). Nur so ist dem Ziel gedient, sich zu Gott zu bekehren und an Jesus Christus, unseren Herrn, zu glauben (V. 21). Galt die Bekehrung zu Gott damals den Heiden und der Glaube an Jesus Christus den Juden, so ist beides zusammen für die Zukunft das ständige Ziel christlicher Unterweisung.

Die Verse 22–24 blicken auf den bevorstehenden Leidensweg des Apostels (vgl. 19,21). Knechtsdienst will die Wege, die Gott seinem Diener bestimmt, nicht im voraus wissen. Entscheidend ist nur, daß alles in Übereinstimmung mit dem Heiligen Geist geschieht, also in voller Identität mit der eigenen Berufung. Fesseln und Drangsale werden nicht gesucht, sondern ertragen. Ein Diener des Herrn nimmt sich darin selbst nicht wichtig. Er ist auf den Weg des Wortes gestellt, den es zu vollenden gilt. Es ist Dienst des Wortes. »Das Evangelium von der Gnade Gottes« (V. 24) gibt formelhaft wieder, was dem historischen Paulus so wichtig war (Röm 3,22) und durch den Dienst der Verkündigung immer wieder zur Sprache kommen muß: Gott selbst hat durch seinen Sohn Jesus Christus dafür gesorgt, daß der Mensch vor ihm bestehen kann und sich in ihm geborgen erfahren darf vor aller Leistung und trotz aller Schuld.

Die Verse 25–27 künden die endgültige Trennung des Paulus von den Seinen an und damit das Ende der apostolischen und paulinischen Gründungszeit der Kirche. Diese Zeit hat den Maßstab für die Verkündigung des Reiches gesetzt (vgl. Lk 4,43; 16,16; Apg 1,3; 8,12; 19,8; 20,25; 28,23.31). Die Entlastungsaussage (V. 26) ist an jene adressiert, die zur Zeit des Lukas durch ein falsches Verständnis des Paulus und durch einseitige Berufung auf Paulus in die Irre gegangen sind. Ohne den wirklichen Paulus zu verheimlichen (s. 13,38.39), hat Lukas einen Paulus geschildert, der in Wort und Tat mit den zwölf Aposteln und der Jerusalemer Muttergemeinde in Einklang steht, also den ganzen Willen Gottes verkündet hat. An Paulus sollte sich die Christenheit nicht zerstreiten. Petrus und Paulus gehören zusammen. Doch liegt Lukas nichts an einer konfliktlosen Harmonisierung. Seine Darstellung weiß um die Sprengkraft des paulinischen Werkes, um die unverzichtbare Eindeutigkeit seiner Theologie und um die bleibende Herausforderung seines Kampfes für das göttliche Programm: »Heil für alle«. Gerade weil damit ein ständiger Konflikt zwischen Gesetz und Gnade, zwischen Bindung und Freiheit gegeben ist, versucht Lukas, seinen Paulus vor einseitiger Vereinnahmung zu schützen. Irrlehrer sollen sich auf Paulus nicht berufen können. Der Verkündiger wird nach dem Beispiel des Paulus in die Pflicht genommen, »den ganzen Willen Gottes zu verkünden«.

Die Verse 28–31 gehen von der indirekten in die direkte Form der Ermahnung über. Die Ältesten und damit alle Amtsinhaber der Kirche werden zur Wachsamkeit aufgerufen, um sich selbst und die Kirche vor Irrlehren zu schützen und Kirchenspaltungen zu verhindern. Dabei ist es notwendig, nach dem Beispiel des Apostels Paulus jedem einzelnen nachzugehen und den damit verbundenen Schmerz nicht zu scheuen (V. 31). Denn die Kirche gehört Gott und ist von ihm durch die Hingabe seines Sohnes erworben worden. Der Leser weiß darum durch die Passionsgeschichte des Lukasevangeliums (vgl. Röm 3,25). Dem entspricht die Einsetzung der Aufseher (= Bischöfe) durch den Heiligen Geist nicht über, sondern in der Gemeinde, die auf dem Hintergrund des Alten Testaments als Herde gesehen wird, um die sich die Amtsinhaber wie Hirten zu sorgen haben. Gemeinde ist Kirche Gottes, ermöglicht durch Jesus Christus, umsorgt durch den Heiligen Geist. Bedeutungsvoller kann die Hirtensorge des kirchlichen Amtes nicht begründet werden, um die Kirche vor Gefahren von außen und innen zu schützen, ihre Einheit zu wahren und vor Irrlehren in den eigenen Reihen wachsam zu sein. Durch das Bild vom Hirten und von der beispielhaften Fürsorge des Paulus für den einzelnen ist jegliche Form der Inquisition ausgeschlossen.

Die Verse 32–35 empfehlen die Amtsträger Gott und seinem wirkmächtigen Wort einerseits und dem selbstlosen Vorbild des Apostels andererseits. Die nachapostolische Zeit darf sich getragen wissen vom Vertrauen auf Gott und vom Wort seiner Gnade. Es muß für die kirchlichen Amtsträger und Verantwortlichen als tröstliche Entlastung gelten, wenn es nicht ihre Kräfte sind, die aufbauen und vollenden. Gleichzeitig wird heilige Herrschaft unter das Wort der Gnade verwiesen. Mit großer Klarheit schreibt Paulus: »Ich schäme mich des Evangeliums nicht: Es ist eine Kraft Gottes, die jeden rettet, der glaubt« (Röm 1,16).

Schließlich geht die Rede auf die materielle Selbstlosigkeit des Paulus ein. Dies entspricht nicht nur dem geschichtlichen Paulus (vgl. 1 Thess 2,9; 1 Kor 4,12; 2 Kor 12,14f. und deswegen auch Apg 18,3), sondern ist besonders typisch für die Einstellung des Lukas. Wie kein anderer betont er die Gefahren des Reichtums und die Notwendigkeit christlicher Selbstlosigkeit im Umgang mit den materiellen Gütern zu Gunsten anderer (vgl. vor allem 4,32).

Profitstreben mit Hilfe der Religion gehört für ihn zum Heidentum und ist keine christliche Möglichkeit (vgl. 16,16–19; 19,23–27). Es wäre der Kirche manches erspart geblieben, wenn sie sich an das lukanische Vermächtnis gehalten hätte. Die materielle Selbstlosigkeit, so mühsam sie auch sein mag, ist Dienst an den Schwachen. Lukas sieht sie letztlich im Leben Jesu verankert. In seinem Evangelium ist dieses Thema besonders deutlich herausgearbeitet. Das hier zitierte Jesuswort findet sich dort und auch sonst in den Evangelien nicht. Lukas läßt ein griechisches Sprichwort (Geben ist besser als Nehmen!) anklingen. Es scheint ihm für seine griechischen Adressaten am besten die Erinnerung an Jesu Worte über Besitzverzicht zusammenzufassen.

Die Abschiedsszene (VV. 36–37) unterstreicht die Abschiedsrede als lukanisches Testament des Paulus. Die Trennung ist durch die bevorstehende Passion des Paulus endgültig. Das nachapostolische Zeitalter beginnt. Es soll sich durch das Vermächtnis des Paulus leiten lassen. So schmerzlich die Trennung und das Schicksal des Apostels sein werden, so muß der Weg doch weiter gegangen werden, denn es ist der Weg des Wortes hin zu den Menschen bis an die Grenzen der Erde (1,8).

Ämter

Die Urkirche benutzt für das Apostolat, für die kirchlichen Aufgaben und Funktionen nicht den Begriff »Amt«. Denn in der Nachfolge Jesu ganz dessen Einsatz und dessen Maßstäben verpflichtet, sind alle, die in der Kirche Verantwortung tragen, vor allem Diener. Weder die theokratische Verfassung Israels noch die aristokratischen oder demokratischen Herrschaftsstrukturen der damaligen Zeit waren maßgeblich, sondern der geistgewirkte Dienst des Bruders und der Schwester an den christlichen Geschwistern. Die eigentlichen Autoritäten der Ursprungszeit waren die Wandercharismatiker. Sie waren Apostel, Missionare und Gemeindegründer. Unter ihnen sind es vor allem die Zwölf, die zur Zeit des Lukas als kirchengründende und glaubenbegründende Autoritäten angesehen werden. Sie waren in Jerusalem bis zu ihrem

Weggang maßgeblich. Entsprechend wurden die judenchristlichen Hellenisten von einem Siebenergremium geleitet. Schon bald gingen die Leitungsfunktionen in Jerusalem auf Jakobus und auf einen Ältesten-Rat über. In den paulinischen Gemeinden war das Leitungsamt eines von vielen geistgewirkten Begabungen (= Charismen). Neben den Aposteln, Propheten und Lehrern gab es Gemeindevorsteher. Später waren es vor allem Älteste, Bischöfe und Diakone. Die heutige Einteilung des maßgeblichen Amtes in Bischöfe, Priester und Diakone ist im ersten Jahrhundert noch nicht zu finden. Funktionen und Aufgaben waren in den Gemeinden damals noch fließend und nicht festgelegt. Die Gemeinden waren vom Geist Jesu Christi bestimmt, der einen jeden nach seiner Begabung in den Dienst zum Aufbau der Gemeinde nahm und viel Kreativität und Spontaneität freisetzte. Doch war die Kirche des Anfangs nie ohne Autoritäten. Der Dienst der Leitung wurde nicht als Gegensatz zur Freiheit des Geistes gesehen. Das Amt in der Kirche ist im Neuen Testament grundgelegt. Der eigentliche Hirte, Lehrer, Prophet, Apostel und Priester der Kirche ist immer Jesus Christus, der durch seinen Geist in der Kirche wirkt, aufbaut, befreit, heilt, leitet, führt und jeden zum Dienst am Nächsten ermuntert.

Von Milet über Cäsarea nach Jerusalem (21,1–17)

Lukas folgt einem vorgegebenen Stationenverzeichnis und hält es im »Wir-Stil« (wie schon 16,10–17; 20,5–8.13.15), um seiner Darstellung eine größere Glaubwürdigkeit zu geben. Ihm geht es aber vor allem darum, in Parallele zum Weg Jesu (Lk 9,51) immer deutlicher auf die Passion des Paulus in Jerusalem hinzuführen. Vom Geist getrieben, geben sie ihm in Tyrus den Rat, nicht nach Jerusalem zu gehen (V. 4). Der Geist erschließt den Weg als von Gott gegeben. Die Warnung unterstreicht die drohende Gefahr, aber auch die Sympathie der Christen mit Paulus. Literarisch ermöglicht das Abratenwollen eine Steigerung des Leitmotives in den Versen 10–14. In einer eindrucksvollen Gleichnishandlung wird das Schicksal des Apostels offengelegt. Das deutende Wort des Propheten nimmt 21,33 vorweg und bindet den Weg des Paulus an die Passion Jesu (Lk 18,32). Die Reaktion der anderen ist wieder mitfühlsam menschlich. Der Mitchrist will den Christen vor Verfolgung und Leid schützen. Passion kann keiner wollen, wo sie aber unumgänglich ist, wird sie zum Nachgehen des Leidensweges Jesus (Lk 9,22.44; 17,25; 18,31; 24,6.25.27.44–46) ganz im Vertrauen auf Gottes Führung. Wer um der Botschaft willen leidet, ist nicht allein. Gott ist mit ihm. Für den Christen gibt es keinen Tod ohne Auferstehung. Lukas läßt Paulus wie Jesus am Ölberg sprechen: Der Wille des Herrn geschehe (Lk 22,42). Es ist die uneingeschränkte Zustimmung zur eigenen Berufung, wie Apg 9,16 es bestimmt hat. In der Leidenszustimmung entspricht Lukas dem geschichtlichen Paulus (vgl. Phil 3,10.11; 2 Kor 2,7–18). Mit den Versen 15–17 kommt der lukanische Reisebericht zum Abschluß. Nochmals wird die Verbundenheit mit der Kirche des Anfangs angedeutet. Trotz aller Probleme, die der paulinische Weg für die Jerusalemer Christen auslöste, läßt Lukas seinen Paulus als Bruder unter Brüdern freudig empfangen sein.

5. Verhaftung und Gefangenschaft des Paulus (21,18 – 28,31)

Der erste Besuch des Paulus in Jerusalem fiel wahrscheinlich in das Jahr 52 (55) n. Chr.; er sollte der Gemeinde eine Kollekte überbringen. Die ständige Unterstützung für die Armen der Jerusalemer Gemeinde durch die Heiden-Christen gehörte zu den Abmachungen des Apostelkonzils (Gal 2,10). Paulus hatte sich darum mit großem Einsatz gekümmert (1 Kor 16,1–4; 2 Kor 8,1–24; 9,1–15). Kurz vor der Reise schreibt Paulus im Römerbrief:

> »Jetzt aber habe ich in diesen Gegenden kein neues Arbeitsfeld mehr. Außerdem habe ich mich seit vielen Jahren danach gesehnt, zu euch zu kommen, wenn ich einmal nach Spanien reise; auf dem Weg dorthin hoffe ich euch zu sehen und dann von euch für die Weiterreise ausgerüstet zu werden, nachdem ich mich einige Zeit an euch erfreut habe. Doch jetzt gehe ich zuerst nach Jerusalem, um den Heiligen einen Dienst zu erweisen. Denn Mazedonien und Achaia haben eine Sammlung beschlossen für die Armen unter den Heiligen in Jerusalem. Sie haben das beschlossen, weil sie ihre Schuldner sind. Denn wenn die Heiden an ihren geistlichen Gütern Anteil erhalten haben, so sind sie auch ver-

pflichtet, ihnen mit irdischen Gütern zu dienen. Wenn ich diese Aufgabe erfüllt und ihnen den Ertrag der Sammlung ordnungsgemäß übergeben habe, will ich euch besuchen und dann nach Spanien weiterreisen. Ich weiß aber, wenn ich zu euch komme, werde ich mit der Fülle des Segens Christi kommen. Ich bitte euch, meine Brüder, im Namen Jesu Christi, unseres Herrn, und bei der Liebe des Geistes: Steht mir bei und betet für mich zu Gott, daß ich vor den Ungläubigen in Judäa gerettet werde, daß mein Dienst in Jerusalem von den Heiligen dankbar aufgenommen wird und daß ich, wenn es Gottes Wille ist, voll Freude zu euch kommen kann, um mit euch eine Zeit der Ruhe zu verbringen.«
(Röm 15,23–32)

Paulus läßt erkennen, daß er mit Widerständen rechnet: Verfolgung durch die »Ungläubigen« in Judäa, aber auch Vorbehalte bei den Jerusalemer Christen, die Kollekte überhaupt anzunehmen. Dahinter stehen die Spannungen, die durch die paulinische Missionsverkündigung eines Heiles für alle ohne Bindung an das jüdische Gesetz ausgelöst wurden, und die Trennung vom Judentum, die zu einer Ablösung des Heiden-Christentums vom Juden-Christentum führte. Wenn auch Paulus die Verwurzelung des Heiden-Christentums im immer noch auserwählten Volk Gottes betont (vgl. Röm 9 – 11) und durch die Kollekten die dankbare Verbundenheit mit der Muttergemeinde in Jerusalem zum Ausdruck bringen möchte, so wissen seine Gegner um die Gefahr des paulinischen Weges. Der faktische Verlauf der Geschichte bestätigt es. Die von Paulus befürchteten Vorbehalte gegenüber der Kollekte dürften aber nicht nur in der theologischen Ablehnung der streng jüdisch lebenden Christen in Jerusalem begründet sein, sondern auch in der immer heftiger werdenden Abgrenzung der palästinensischen Juden gegenüber dem Heidentum, was dann schließlich zur katastrophalen Auflehnung gegen die römische Besatzungsmacht führte (66–70 n. Chr.). Lukas berichtet von all dem nichts. Auch die Kollekte erwähnt er nur nebenbei (24,17). Für ihn steht die paulinische Passion im Mittelpunkt.

Paulus bei Jakobus und das Nasiräatsgelübde (21,18–26)

Die Verse 18–20a stellen die Verbundenheit des paulinischen Missionswerkes mit Jerusalem, dem Ausgangspunkt aller Verkündigung, heraus. Was Paulus zu berichten hat, ist dem Leser bekannt. Durch den Dienst des Paulus hat Gott selbst gewirkt. Dafür ist Gott zu preisen. Darin herrscht Einmütigkeit. Die Rede der Jerusalemer Führung nennt völlig falsche Verdächtigungen, die unter den Jerusalemer Christen ihre Runde machen. Sie sind so unwahr wie die Vorwürfe gegen Jesus (6,14). Der geschichtliche wie auch der lukanische Paulus weiß sehr gut, was für die Juden-Christen notwendig ist. Nach Lukas ließ Paulus sogar den Timotheus beschneiden (16,3) und sich selbst einem Gelübde nach jüdischem Brauch unterziehen (18,18). Lukas kannte die Gründe, warum es zu verleumderischen Verdrehungen kommen konnte. Die Spannungen waren auch in der Person des Paulus gegeben, der den Juden ein Jude und den Heiden ein Heide (1 Kor 9,20.21) sein wollte, aber alle geeint wußte in Jesus Christus (Gal 2,28). Seine Parteinahme zu Gunsten eines gesetzesfreien Heiden-Christentums konnte sehr leicht zu einer Gegnerschaft führen und damit durch Verdächtigungen, Verdrehungen, Einseitigkeiten maßlose Unwahrheiten schaffen.

Lukas will Paulus von den unwahren Vorwürfen entlasten und als gesetzestreuen Juden darstellen, und er läßt die Verantwortlichen der Gemeinde in Jerusalem ein Gelübde empfehlen, das von Paulus sofort eingelöst wird. Dahinter mag stehen, daß Paulus tatsächlich sich einer siebentägigen kultischen Einübung, die nach seinem Aufenthalt im heidnischen Ausland geboten erschien, unterzog und außerdem die Kosten für die kultische Entlastung von vier armen Nasiräern übernahm. Vom Nasiräatsgelübde hatte Lukas keine Vorstellungen, wie 18,18 zeigt.

Die Verhaftung des Paulus (21,27–40)

Die Szene ist von Lukas situationsgemäß mit einer Reihe von Motiven ausgestaltet worden, die dem Leser schon aus ähnlichen Ereignissen des Leidens und des Aufruhrs bekannt sind. Wie bei Stephanus (6,9) sind es Juden aus der Provinz Asien, die das Martyrium auslösen, und wie in Ephesus kommt es zum Aufruhr (19,23). Paulus ist nicht mehr frei. Der Vorwurf ist umfassend wie gegenüber Jesus und Stephanus (6,13) gegen Paulus formuliert (vgl. 18,13; 19,26–27 in der heidnischen Variante). Der längst angekündigte Weg der Passion beginnt sich zu erfüllen. Der

Widerstand der Juden erreicht ihren Höhepunkt. Der konkrete Anlaß ist geringfügig und wird von Lukas in Vers 29 als falsch hingestellt.

Vermutlich lag dem Lukas eine Episode vor, nach der Paulus mit dem Heiden-Christen Trophimus aus Ephesus im Tempel war und dadurch einen Tumult auslöste, der zur Festnahme des Paulus führte. Die Vorhöfe der Juden waren im Tempelbereich von den Vorhöfen der Heiden durch eine Marmorschranke mit 13 Durchgängen getrennt mit der Schrift: »Kein Andersgläubiger darf eintreten in die das Heiligtum umgebende Schranke und Umwallung. Wer dabei ergriffen wird, verschuldet sich selbst die darauf folgende Todesstrafe.«

Wie in Ephesus (19,29) erscheint die ganze Stadt an dem Aufruhr beteiligt. Paulus droht einer Lynchjustiz zum Opfer zu fallen. Wie dort greift auch hier ein Vertreter der politischen Macht ein. Lukas will das Christentum vor ungesetzlichen Volksausbrüchen durch die staatlichen Behörden geschützt wissen. Der Ruf »Weg mit ihm« stellt das Geschehen an die Seite der Passion Jesu (Lk 23,18).

Der gefangene Christ sucht den Dialog mit seinem Aufseher. Lukas dokumentiert die gewünschte Gesprächsbereitschaft der römischen Obrigkeit. Wo immer das Christentum in den falschen Verdacht staatsgefährdender Umtriebe kommt, können sich die Vertreter des Staates durch Vergleich davon überzeugen und es bestätigen, daß Christen nicht unter den Unruhestiftern zu finden sind. Über den Ägypter schreibt der jüdische Geschichtsschreiber Flavius Josephus:

»Um diese Zeit kam auch ein Mensch aus Ägypten nach Jerusalem, der sich für einen Propheten ausgab und das gemeine Volk verleiten wollte, mit ihm auf den Ölberg zu steigen ... Dort, sagte er, wolle er ihnen zeigen, wie auf sein Geheiß die Mauern Jerusalems zusammenstürzten, durch welche er ihnen dann einen Eingang in die Stadt bahnen würde. Als Felix davon Kunde erhielt ..., griff er den Ägypter und dessen Anhänger an. Von den letzteren fielen vierhundert, und zweitausend wurden gefangengenommen; der Ägypter selbst aber entkam.«
(Ant. XX 8,6)

»Einen noch größeren Schaden fügte den Juden der falsche Prophet aus Ägypten zu. Es kam nämlich ein betrügerischer Wundertäter ins Land, der sich selbst für einen Propheten ausgab und 30000 Opfer

seines Betruges um sich sammelte. Er führte sie auf Umwegen von der Wüste auf den sogenannten Ölberg ... Von dort hätte er ... gewaltsam in Jerusalem eindringen ... können. Felix aber kam seinem Angriff zuvor ...«
(Bell. II 13,5)

Die Parallelen sind auffällig. Lukas zeigt sich als gebildeter Kenner der Geschichte. Die Verse 37–40 sind ein gutes Beispiel, wie er sein Wissen kurz und prägnant in sein Werk einbaut. Gleichzeitig erfahren wir, daß Paulus ein Jude aus Tarsus in Zilizien ist. Lukas erwähnt es an dieser Stelle als Kontrast zum Ägypter und seiner Anhängerschaft. Die Voraussetzung zur Bitte und zur Erlaubnis der folgenden Rede ist geschaffen.

Die Rede des Paulus im Tempelvorhof (22,1–21)

Lukas läßt Paulus eine großangelegte Verteidigungsrede halten, und das in der Muttersprache der Zuhörer, ein Zeichen der Verbundenheit und Zugehörigkeit. Herkunft und Ausbildung weisen Paulus als den an Jerusalem gebundenen Juden aus. Gamaliel wurde von Lukas schon in 5,34 zu Gunsten des Christentums genannt. Er wirkte etwa 25–50 n. Chr. als Nachkomme Hillels in Jerusalem und ist einer der angesehensten Schriftgelehrten der damaligen Zeit, wahrscheinlich ein Pharisäer. Als Hebräer und Israelit bezeichnet sich Paulus in 1 Kor 11,22; seine Treue zum jüdischen Gesetz und seinen Einsatz für die Überlieferung seiner Väter unterstreicht er in Gal 1,14. Paulus bezeugt seine maßlose Verfolgung der Kirche in Gal 1,13. In Phil 3,5–6 ist zu lesen:

»Ich wurde am achten Tag beschnitten, bin aus dem Volk Israel, vom Stamm Benjamin, ein Hebräer von Hebräern, lebte als Pharisäer nach dem Gesetz, verfolgte voll Eifer die Kirche und war untadelig in der Gerechtigkeit, wie sie das Gesetz vorschreibt.«

An der Glaubwürdigkeit sollten die Zuhörer nicht zweifeln. Er hat sich in den Versen 3–4 ausgewiesen. Vers 5 erinnert an 8,3 und 9,1 und schafft den Übergang zur Berufungsgeschichte des Paulus (VV. 6–16). Einige Abweichungen gegenüber 9,3–19 sind dem lukanischen Stil zuzurechnen, der sein Wissen unterschiedlich verteilt und bei Wiederholungen variiert, bestimmte Motive steigert oder der Situation anpaßt und sich von der konkreten Aussageabsicht leiten läßt. Besonders sorgfältig wählt Lukas aus, um das in 9,3–19 ganz christologisch und auf die Gestalt Jesu bezogene Berufungsgeschehen als Willen Gottes und als Erwählung durch den Gott der Väter herauszustellen (VV. 10.14.15). Es ist der Wille Gottes und göttliche Bestimmung des Paulus, den »Gerechten« (s. 3,14) als auferstandenen Herrn zu erfahren, sich auf seinen Ruf einzulassen und sein Wort zu hören, um so für das Zeugnis vor allen Menschen befähigt zu werden (vgl. 1 Kor 15,8–11; Gal 1,15.16). Sehen und hören, um zu bezeugen, ist die Grundstruktur jeder christlichen Berufung. Sehen meint die Glaubenserfahrung, daß Christus lebt und sich durch seinen Heiligen Geist den Herzen erschließt. Hören meint das sich gläubige Einlassen auf das Wort Gottes, wie es in der Heiligen Schrift erhalten ist. Bezeugen meint das ganz persönliche Bekenntnis in Wort und Tat, wie es sich aus der Christuserfahrung und dem Wort Gottes ergibt. Im Kontext der Apostelgeschichte bezieht sich das Sehen auf das Damaskuserlebnis und das Hören auf das in den Versen 17–21 erzählte Offenbarungsgeschehen. In 9,10–16 ist die Ankündigung des Leidens bzw. der Ablehnung des Paulus und seine Sendung zu den Heiden an eine Vision des Hananias gebunden. Lukas verlegt sie in den Tempel, um den Aussagen des Paulus größtes Gewicht zu verleihen. Das frühere Verhalten des Paulus und damit das jetzige Verhalten der Juden entspricht nicht dem Willen Gottes. Auf den Widerstand folgt die Sendung in die Ferne zu den Heiden.

Paulus und der römische Oberst (22,22–29)

Die Herausstellung des gottgewollten Weges, vor allem die Sendung zu den Heiden, führen nicht zur Verständigung, sondern zur Steigerung der maßlosen und unbegründeten Wut gegen Paulus. Das »Weg mit ihm« (vgl. 21,36 und Lk 23,18) wird durch die Tötungsaussage unterstrichen. Geschrei, Kleiderzerreißen, Staubaufwerfen kennzeichnen den totalen Bruch blindwütiger Unbelehrbarkeit. Was Lukas hier darstellt, ist in der Geschichte begründete literarische Zuspitzung und Überspitzung. Dabei darf nie vergessen werden, daß die gemeinsamen Grundlagen von Juden- und Christentum größer sind als die Unterschiede und daß das

Christentum seine jüdische Herkunft nie verleugnen kann. Lukas hat das gewußt und in seinem Doppelwerk eindringlich bezeugt.

Ganz anders erscheint die römische Obrigkeit. Daß Paulus gegeißelt werden soll, entspricht römischen Rechtsvorschriften beim Verhör von Nicht-Römern. Lukas bezieht sich auf die römische Staatsbürgerschaft des Paulus, um die Geißelung zu verhindern und den weiteren Fortgang der paulinischen Leidensgeschichte von Jerusalem bis Rom einzuleiten. Indirekt empfiehlt sich das Christentum dem Schutz des römischen Rechtes. Das Verhalten des Oberst soll vorbildlich sein. Das kleine Gespräch über das römische Bürgerrecht von Geburt oder durch Bezahlung weiß um die Überlegenheit des ersteren und verarbeitet die historische Kenntnis von der Möglichkeit, gegen Bezahlung Römer zu werden. Die Frau des Kaisers Claudius (41–54 n. Chr.) hatte es eingeführt.

Paulus vor dem Hohen Rat (22,30 – 23,11)

Lukas hat die Szene in Parallele zum Prozeß Jesu gestaltet (vgl. Lk 22,54–71). Paulus steht wie schon Petrus und Johannes (4,5–22), die Apostel (5,27–40) und Stephanus (6,12–58) in der Leidensgemeinschaft mit seinem Herrn. Das Schicksal Jesu ist auch das Schicksal seiner Zeugen. Gegenüber der höchsten Instanz des Judentums soll nochmals deutlich werden: Paulus hat ein völlig reines Gewissen vor Gott. Sein Leben vor und nach seiner Berufung steht unter Gottes Wort und Ruf. Das aber wollen die Juden und ihre Vertreter nicht wahrhaben. Paulus war in der Tat für die Juden der gefährliche Gegner, nicht aber ein Verräter und Judenhasser. Für die Überreaktion des Hohenpriesters gibt es nach Lukas keinen Grund. Das Unrecht (vgl. Lev 19,15) wird durch eine Verwünschungsformel der Strafe Gottes anheimgestellt. Ez 13,8–16 bietet den Hintergrund. Das Judentum ist auf dem Irrweg. Gott wird es nicht hinnehmen.

Im Angesicht des Todes oder in ohnmächtiger Erregung über maßloses Unrecht ist Fluchen und Verfluchen eine notwendige Ausdrucksform. Es wird immer prophetische Gestalten in Krisen- und Katastrophenzeiten geben, die den Menschen mit Drohungen ins Gewissen reden. In normalen Zeiten sollte die Drohung durch das Verstehenwollen ersetzt sein. Niemals aber dürfen solche Stellen wie 23,3 oder Ez 13,8–16 zur Grundlage einer Theologie werden. Den Gott der Rache gibt es nur in den Vorstellungen der Menschen. Gott selbst schafft die Gerechtigkeit durch seine Barmherzigkeit.

Die von Lukas konstruierte Unkenntnis des Hohenpriesters dient dazu, Paulus als schriftkundigen und schriftgemäßen Juden herauszustellen, der seiner Obrigkeit den notwendigen Respekt nicht verweigert, obwohl diese auf dem falschen Weg ist. Hananias regierte von 47–59 n. Chr., schadete dem Amt durch seine Habgier und wurde als Freund der Römer von den Zeloten umgebracht.

Die Verse 6–10 stellen den Glauben an die Auferstehung in die Mitte des Konfliktes. Lukas konnte die unterschiedlichen Richtungen der Pharisäer und Sadduzäer im Auferstehungsglauben dazu nutzen, Paulus als Pharisäer (vgl. Phil 3,5) im Einklang mit einem großen Teil des Judentums zu zeigen.

Sadduzäer und Pharisäer

Sadduzäer: Die Partei der Sadduzäer war zahlenmäßig klein, aber von großem Einfluß. Zu ihr gehörten Angehörige vornehmster Familien, besonders des priesterlichen Hochadels. Ihr Interesse galt vor allem dem Tempel, dem Kultgesetz und dem Heiligen Land. Ihr Ziel war die Errichtung eines nationalen Tempelstaates. Die Jesusbewegung mit ihrer Tempelkritik und Ablehnung des Gesetzes mußte zur unversöhnlichen Gegnerschaft führen. Die sadduzäische Ablehnung einer Auferstehung der Toten, die strenge Bindung an die Fünf Bücher Mose, die Überzeugung von einer diesseitigen Belohnung der guten Taten und einer Bestrafung des Bösen begründen die unüberbrückbaren Gegensätze zum Christentum. Die Sadduzäer gingen mit der Zerstörung Jerusalems unter. Ihre Gegner, die Pharisäer, überlebten.

Pharisäer: Die Pharisäer waren besser als ihr Ruf. Ihr negatives Bild im Neuen Testament ist nicht gerechtfertigt. Diese sehr ernstzunehmende Richtung im Judentum war eine Art Volksbewegung oder Religionspartei oder Lerngemeinschaft mit vielen bedeutsamen Lehrern und Schriftgelehrten. Sie versuchten, Gottes Willen im Alltag durchzusetzen und zu verwirklichen. Grundlage war die schriftliche und mündliche Tradition als Offenbarung des göttlichen Willens. Sie vertrauten der Freiheit des Menschen und glaubten an die Auferstehung der Toten. Ihre Gebote und zahllosen Vorschriften wollten realistisch und erfüllbar sein. Die Erfüllung des Gesetzes erschien ihnen als die beste Vorbereitung auf die Endzeit. Gesetzesfrömmigkeit, Liebeswerke und Gebet waren der Inbegriff ihres Lebens. Nach dem jüdischen Krieg waren sie die einzige Kraft, die ein Weiterleben des Judentums ermöglichten. Sie blieben die Brücke zum alten Jerusalem und wurden die Wegbereiter des Rabbinismus.

Die Mitte des christlichen Glaubens, der Glaube an die Auferstehung (vgl. Lk 20,27; Apg 4,2) liegt in der Konsequenz des bedeutendsten Teiles der Judenschaft. Die göttliche Berufung des Paulus, wie sie im Damaskuserlebnis zur Sprache kam, fällt ebenfalls nicht aus dem Rahmen jüdischer Vorstellungen. Wer an das Wirken von Geistern und Engeln glaubt, kann die Möglichkeit nicht leugnen, daß Paulus ein entsprechendes Offenbarungserlebnis hatte. Das Judentum selbst ist in seinen höchsten Vertretern maßlos zerstritten (V. 10). Die Betonung der Zugehörigkeit des Paulus zum pharisäischen Judentum begrenzt die Auseinandersetzungen auf den religiösen, inner-jüdischen Raum. Im Sinne des römischen Rechtes besteht kein Anlaß zum Prozeß und kein Grund zur Beunruhigung (vgl. 23,29).

Vers 11 bezeugt in vollendeter Kürze, um was es in der ganzen Auseinandersetzung geht: Der Auferstandene ist der erfahrbare Herr der Geschichte und des Weges seiner Boten. Gefängnis und Nacht sind Zeichen äußerster Ausweglosigkeit. Die Gemeinschaft mit dem Auferstandenen, die Nähe des Herrn, sein Wort, macht Mut, festigt die eigene Bestimmung und Identität, erschließt den Weg. Wörtlich heißt es: »Du mußt bezeugen«. Das Martyrium (= Zeugnis) des Paulus steht unter dem göttlichen »Muß«. In seiner Vollendung in Rom verwirklicht sich der gleiche göttliche Heilsplan, unter dem auch Jesus stand (Lk 24,26). Für den Fortlauf der Apg ist mit Rom das bestimmende Stichwort gefallen.

Die Verschwörung der Juden gegen Paulus (23,12–22)

Vermutlich hat Lukas eine Geschichte vorgefunden, die vor allem in den Versen 16–22 vorgegeben sein könnte. Auf jeden Fall ist in diesem Abschnitt das geschichtliche Wissen um aggressive und subversive Gruppen vor dem Ausbruch des jüdischen Krieges (66 n. Chr.) verarbeitet. So kurz und bündig Lukas zusammenfassend überleiten kann, so groß ist auch seine Kunst, Episoden dramatisch auszugestalten und breit zu erzählen. Die Szene verschärft den Eindruck der negativen Sicht der Juden, die jetzt sogar zum Mord entschlossen sind. Um so problemloser ist das Zusammenspiel mit der römischen Obrigkeit. Lukas empfiehlt das Christentum dem Staat als positive und darum schutzwürdige Größe, das mit staatsgefährdenden Widerstandsgruppen nicht in Verbindung gebracht werden darf. Das alles geschieht auf Kosten der Juden, die zu lukanischer Zeit in Palästina längst zerschlagen und vernichtet waren.

Die Überführung des Paulus nach Cäsarea (23,23–35)

Der nächtliche Aufbruch und der militärische Aufwand der Schutztruppe signalisieren, in welcher Gefahr sich Paulus in der Vorstellung des Lukas befand. In dem Brief an den Statthalter Felix, der von 52/53–58 n. Chr. sein Amt mit äußerster Härte in Cäsarea ausübte, faßt Lukas die Lage zusammen: Die todesgefährliche Bedrohung des Paulus, seine Schutzhaft, sein Rechtsanspruch als römischer Bürger, die Einschätzung der Auseinandersetzung als inner-jüdische Glaubensstreitigkeit, nicht aber als strafwürdiges Vergehen des Paulus, der geplante Mordanschlag und der Verweis der Kläger an die höchste römische Instanz in Palästina.

Paulus vor dem römischen Statthalter Felix (24,1–27)

In der Passion des Paulus ereignet sich der Leidensweg Jesu. Nach dem Verhör vor dem Hohen Rat (Lk 22,66–71) folgt die Gerichtsverhandlung vor dem römischen Statthalter (Lk 23,1–25). In beiden Fällen ist die Anklage politisch motiviert (Lk 23,2) und wird von dem Staatsvertreter nicht akzeptiert (Lk 23,4. 15. 16. 20. 22).

Vorgegeben ist dem Lukas das Faktum der Verhandlung, die Anklage durch den Rechtsanwalt Tertullus und die mehrjährige Gefangenschaft des Paulus in Cäsarea, ferner der Vorwurf der Tempelentweihung und das Wissen um die Kollekte, den eigentlichen Grund des Paulus-Besuches in Jerusalem. In literarisch und sprachlich vollendeter Form läßt Lukas nach römischer Prozeßordnung die Anklage vertreten (VV. 2–8): Unruhestiftung in der Weltjudenschaft als Wortführer der Sekte der Nazoräer (vgl. 2,22; 26,9) und Entweihung des Tempels. Jegliche Unruhestiftung war den Römern als Bedrohung der Pax Romana verdächtig, und der Schutz des Tempels war politische Pflicht der römischen Besatzungsmacht. Beide Anklagepunkte behaupten eine höchst politische Gefahr für den Staat durch Paulus und damit durch das Christentum.

Wie bei Tertullus in den Versen 2–3 läßt Lukas auch die paulinische Verteidigungsrede mit einer Ehrenbezeugung beginnen (V. 10). Beide Ehrenbezeugungen stehen im krassen Gegensatz zu den geschichtlich greifbaren Beurteilungen der Amtszeit des Felix, dessen Regierungszeit durch Korruption, Härte und Ungerechtigkeit gekennzeichnet war (vgl. V. 26). Lukas geht es darum, bei allem persönlichen Versagen des Felix die Rechtmäßigkeit des Prozesses und damit das Unrecht der Anklage und die Unschuld des Angeklagten zu untermauern und gleichzeitig die Korrektheit römischer Instanzen im Verhalten gegenüber dem Christentum seiner Zeit einzufordern.

Zur Entlastung vom Vorwurf der Unruhestiftung verweist Lukas auf den überschaubaren und damit überprüfbaren Aufenthalt des Paulus in Jerusalem (VV. 12.13). Es folgt das Bekenntnis zum christlichen Weg, der eben keine Sekte ist, sondern Dienst am Gott der Väter (V. 14). Paulus steht auf dem Grund der Überlieferung. Zu ihr gehört zentral der Glaube an die Auferstehung, wie er in den Reden der Apg im Hinblick auf Jesus hinreichend dargelegt wurde (V. 15). Der Glaube an die Auferstehung der Gerechten und der Ungerechten beinhaltet auch die Erwartung des Gerichtes (vgl. 17,31; 10,42). Das mit der Auferweckung gegebene Gericht will den Menschen in die Pflicht nehmen, und darum bemüht sich Paulus, vor Gott und den Menschen immer ein reines Gewissen zu haben (V. 16; 23,2; vgl. 1 Petr 3,21). Die Verantwortung des

Handelns bezieht sich auf Gott und den Menschen. Wie wenig Paulus eine Gefahr bedeutet, sondern ganz im Sinne seines Volkes Jerusalem besucht, bezeugt Vers 17. Der eigentliche Grund für die Reise des geschichtlichen Paulus, die Kollekte für die Armen der Gemeinde in Jerusalem, wird hier erstmals, aber an exponierter Stelle, genannt (vgl. 1 Kor 16,1–4; 2 Kor 8,1–24; 9,1–15). Lukas sieht die Verbindung zwischen der Jerusalemer Gemeinde und dem Volk so eng, daß er allgemein formulieren kann. Paulus gehört zum Volk Israel und weiß sich ihm durch die Spende verbunden. Das Weiheopfer weist auf 21,23–26 zurück und zeigt Paulus als gesetzestreuen, dem Tempel verpflichteten Juden. Nur dies und nicht einen Tumult müßten die Juden aus Asien bezeugen (21,27). Die Anwesenden können nur den paulinischen Glauben an die Auferstehung bezeugen. Der aber ist gerade kein Vergehen, das eine Anklage berechtigt, sondern sich als schriftgemäß mit der Überzeugung eines großen, nämlich des pharisäischen Teiles des Judentums, deckt (23,8).

In den Versen 22.23 stellt Lukas den Statthalter so dar, daß die Beurteilung des christlichen Weges durch staatliche Behörden als sachkundig erscheint und die leichte Haft des Paulus begründet ist. Der freie Zugang der zu Paulus Gehörenden entspricht hier, wie in 28,30, nicht nur den geschichtlich verbürgten Möglichkeiten Gefangener, sondern deutet auch an, daß Paulus trotz begrenzter und erschwerter Bedingungen seinen Dienst weiterführt. In den Versen 24–27 verarbeitet Lukas einige geschichtliche Informationen: die Statthalterschaft des Felix, seine ungesetzliche Ehe mit der geschiedenen Tochter des Agrippa I. (die Heirat einer Jüdin mit einem Heiden war nach jüdischem Recht verboten), seine Habgier und Bestechlichkeit, seine Ablösung als Statthalter durch Porcius Festus, schließlich der längere Haftaufenthalt des Paulus in Cäsarea, der nicht durch eine bei Amtswechsel der Statthalter mögliche Amnestie freigelassen wurde. Lukas gestaltet aus diesen Informationen ein Bild des gefangenen Paulus, der ganz im Gegensatz zu seinem Zuhörer unbestechlich und nicht auf seinen Vorteil bedacht seiner Verkündigungspflicht nachkommt. Zum Christuszeugnis gehört die ethische Dimension des christlichen Lebens, die durch die Gerichtsbotschaft mit letzter Dringlichkeit eingefordert wird. Angst vor einem bevorstehenden Gericht vermag die Unfähigkeit zu Gerechtigkeit und Enthaltsamkeit nicht zu überwinden. Felix bleibt durch seine Bestechlichkeit geprägt. Die Haft des Paulus ist ein Akt der Gefälligkeit gegenüber den Juden und darum ungerecht. In allem bleibt Paulus der Überlegene.

Paulus vor dem Statthalter Festus – Seine Berufung an den Kaiser (25,1–12)

Lukas hat die Szenenabfolge der Kapitel 25 und 26 selbst geschaffen, um den Leidensweg des Paulus mit der Passion Jesu in Parallele zu setzen. Wie in Lk 23,2–25 folgt der Verhandlung vor dem Statthalter die Einbeziehung des Königs. In beiden Passionen erfüllt sich Ps 2,1f., wie es in Apg 4,27 ausgelegt ist, und die Berufung des Paulus nach Apg 9,15. Der neue Statthalter wird als rasch und korrekt handelnder römischer Beamter dargestellt, der jüdischen Obrigkeit dagegen wird durch die Bemerkung über den geplanten Meuchelmord (V. 3) jegliches Rechtsbewußtsein abgesprochen. Lukas schont auf Kosten der Juden die Staatsgewalt der Römer und empfiehlt dadurch ein positives Verhältnis zwischen Christentum und Staat. Die schweren Beschuldigungen werden nur noch summarisch als unbeweisbar und haltlos hingestellt. Lukas betont nicht nur die Unschuld des Paulus gegenüber Gesetz und Tempel, sondern auch gegenüber dem Kaiser (V. 8). Die politische Dimension des Falles kommt deutlich in den Blick. Eine Verlagerung der Handlung nach Jerusalem aus Gefälligkeit gegenüber den Juden käme einer Auslieferung an die Mordpläne der jüdischen Obrigkeit gleich. Lukas entspricht den geschichtlichen Fakten und läßt Paulus die Berufung an den Kaiser aussprechen. Dahinter steht das Recht römischer Bürger, einen Prozeß aus der Provinz, falls es dort kein von Rom eingesetztes Geschworenengericht gibt, an das kaiserliche Gericht in Rom zu verlagern. Die feierliche Zustimmung des Statthalters unterstreicht die Bedeutung des Vorganges für das lukanische Gesamtkonzept. Der Weg des Wortes geht von Jerusalem nach Rom, von den Juden zu den Heiden (vgl. 1,8; 19,21; 23,11). Der Leser soll erkennen, auf welchem Weg er selbst Christ geworden ist. Der Ursprung des Glaubens bestimmt den Standort des Christen.

Paulus vor dem Statthalter Festus und König Agrippa (25,13 – 26,32)

In Parallele zur Passion Jesu (Lk 23,6–25) wird König Agrippa eingeführt. Wie beim Verhör Jesu wird auch hier die Unschuld herausgestellt. Trotzdem erhalten beide Angeklagten nicht die Freilassung. Der Weg Jesu ist auch der Weg seiner Boten.

Markus Julius Agrippa II. war der Sohn des in der Apg 12 genannten Herodes Agrippa. Er wurde 44 n. Chr. von Kaiser Claudius zum König von Chalkis am Libanon ernannt, später erhielt er auch die Herrschaft über Batanäa, Trachonitis und Gaulanitis. Hinzu kam die Aufsicht über den Jerusalemer Tempel und die Vollmacht, Hohepriester einzusetzen. Er lebte mit seiner verwitweten Schwester Berenike im Inzest. Seine Politik galt als römerfreundlich. Als letzter König aus der herodianischen Dynastie herrschte er bis zur Jahrhundertwende. Seine Einbeziehung entspricht dem lukanischen Bemühen, das Christusgeschehen und die Anfänge der Kirche mit den die große Politik bestimmenden Persönlichkeiten in Verbindung zu bringen (vgl. Lk 1,5; 2,1–3; 3,1.2), um dadurch die weltgeschichtliche Bedeutung des Christentums herauszustellen (Apg 26,26). In vollendeter Form läßt Lukas durch Festus den Stand des Prozesses zusammenfassen (VV. 14–21). Deutlich wird das Unrechtsgehabe der jüdischen Obrigkeit herausgestellt und ganz im Gegensatz dazu das äußerst korrekte Verhalten des römischen Beamten. Der Streitpunkt ist nicht der Staatsaufruhr, sondern eine Frage des Glaubens, näherhin die Auferstehung Jesu, wofür das römische Recht keine Zuständigkeit besitzt. Der römische Vertreter kann nichts anderes als die Unschuld des Paulus gegenüber dem jüdischen Hinrichtungswillen feststellen (VV. 24.25). Die aufwendig und bedeutungsvoll angelegte Szene wird zu keinem anderen Ergebnis führen. Neben dem römischen Vertreter muß auch der höchste politische Vertreter des Judentums zu dem Ergebnis kommen, daß Paulus die Freiheit verdient (V. 32). Dies ergibt sich aus der letzten großen Rede der Apg. In dieser Apologie erfüllt sich Lk 12,11.12 und 21,12–15. Die Worte des Paulus sind geistgewirktes Christuszeugnis.

Die Verse 4–5 weisen auf die allseits bekannte Vergangenheit des Paulus als Pharisäer (vgl. Phil 3,5) hin, denn die Zugehörigkeit zur strengsten Richtung des Judentums muß die Hinwendung zum Christentum als besonders glaubwürdig erscheinen lassen. Sie ist begründet in der gemeinsamen Auferstehungshoffnung aufgrund der Schrift, wie Lukas es in den Missionsreden der Apostelgeschichte ausgeführt hat. »Daß Gott Tote auferweckt« (V. 8), dürfte Judentum und Christentum nicht trennen, sondern müßte beide eigentlich verbinden. Die Verfolgung der Christen durch Paulus erscheint als maßloses Unrecht (VV. 9–11).

Zum dritten Mal schildert Lukas die Berufung des Paulus (VV. 12–18). Das lichtvolle Ereignis wird gegenüber Kapitel 9 und 22 noch eindringlicher akzentuiert und ganz auf den Auferstandenen konzentriert. Es bedarf der Erfahrung des Auferstandenen, damit der Weg des jüdischen Glaubens nicht gegen Christus und seine Kirche verläuft, sondern zum neuen Weg des Heiles werden kann. Der Auferstandene erscheint, um in den Dienst zu nehmen. Die Bestimmung zum Diener und Zeugen stellt Paulus in eine Linie mit den Dienern des Wortes in Lk 1,2 und den zu Zeugen bestellten zwölf Aposteln in Lk 24,48 und Apg 1,8. Inhalt des Dienstes und Zeugnisses ist die Erfahrung des Auferstandenen und der durch ihn offenbarte Weg des Paulus (vgl. 16,9; 18,9.10; 22,17–21; 23,11). Als pharisäischer Jude steht Paulus auf dem Fundament des jüdischen Verheißungsglaubens und als Missionar in der Glaubensgemeinschaft der Kirche. Seine ureigene Berufung aber ist unverwechselbar von Gott selbst bestimmt (vgl. Gal 1,10–16). In Anlehnung an Jer 1,5–8 wird an die in der Apg immer wieder zur Darstellung gebrachten Widerstände gegen Paulus erinnert. Ziel der Sendung vor Juden und Heiden ist die Erfahrung der Gemeinschaft mit dem Auferstandenen (zum Öffnen der Augen s. Lk 24,31) und damit die Bekehrung zu Gott, die Vergebung der Sünden durch den Christusglauben (vgl. Apg 24,47, aber auch Röm 3,23–26) und die Teilhabe am Erbe der Heiligen (Röm 8,17). Christuszugehörigkeit führt zu Gott, überwindet die Erlösungsbedürftigkeit und verändert das Leben durch die Hoffnung auf ein unwiderrufliches Leben in Gemeinschaft mit Gott. Nach Vers 20 beinhaltet die Hinwendung zu Gott ein der Bekehrung entsprechendes Handeln. Die Verse 19–23 zeichnen das Bild eines dem Ruf Gottes gehorsamen Missionars. Von einer Mission des Paulus im Land Judäa weiß weder die Geschichte noch Lukas etwas zu berichten. Die Bemerkung ist durch das Stichwort »Jerusalem« und vielleicht in Erinnerung an 1,8 verursacht (vgl. auch Lk 4,44; Apg 10,39). Dem gottgemäßen Missionswirken des Apostels steht das Verhalten einiger Juden entgegen (V. 21). Doch Gott ist mit ihm, so daß Paulus als Zeuge trotz der Passion für jedermann weiterzuwirken vermag (vgl. 23,11). Die Rede gipfelt in der als schriftgemäß herausgestellten Botschaft von Kreuz und Auferstehung Jesu und seiner Bedeutung als Licht der Welt (vgl. Lk 2,29–32 und Jes 42,6–7; 49,6).

Die Verse 24–29 stellen heraus, daß die Auferstehungsbotschaft kein Wahnsinn, sondern wahr und vernünftig ist – wie in den Reden der Apostelgeschichte nachzulesen –, daß sich das Christusgeschehen nicht in irgendeinem Winkel zugetragen hat, sondern nicht zu übersehen und durch die Propheten verheißen worden ist. Lukas weist als Fehleinschätzung zurück, was den Heiden die Annahme des Auferstehungsglaubens und den Juden die Zustimmung zu Jesus so schwer zu machen scheint. Lukas wirbt für eine vernünftige und einsichtige Glaubwürdigkeit der christlichen Botschaft. Missionarisch werbend läßt Lukas Paulus den Wunsch formulieren, daß alle, die ihn hören, so werden wie er, nämlich begeisterte und gottgeführte Gläubige im Dienst des Wortes für das Heil der Welt, und das frei und ungehindert. Das Ziel ist erreicht. Die politischen Mächte müssen Paulus für »nichtschuldig« erklären (V. 31). Dem christlichen Weg haftet nichts Ungesetzliches und Verurteilungswürdiges an. Es sind formale und nicht politische Gründe, wenn es nicht zur Freilassung kommt.

Kirche und Staat

Lukas ist bemüht, durch seine beiden Schriften die Bedeutung des neuen Weges weltgeschichtlich zu verankern. Längst waren Christen als angebliche Unruhestifter oder gar Staatsfeinde verfolgt und hingerichtet worden. Lukas möchte durch sein Werk erkennen lassen, daß das Christentum keine Gefahr für die römische Ordnung darstellt und geschützt werden müßte. Lukas unterstreicht, daß Pilatus eigentlich von Jesu Unschuld überzeugt war, daß der Prokonsul Gallio in Korinth sich weigerte, ein Gerichtsverfahren gegen Paulus zu eröffnen, daß die politisch Verantwortlichen Paulus für unschuldig hielten. Das Christentum ist keine Widerstandsbewegung. Wo es zu Konflikten kommt, sind die Ursachen im Neid oder in der Gewinnsucht, im blinden Haß oder in rein religiösen Motiven der Gegner zu finden. Die staatlichen Stellen werden in der lukanischen Darstellung relativ positiv dargestellt. Um so negativer erscheint das Bild des Judentums. Literarisch geht das Werben um Anerkennung im römischen Reich zu Lasten des Judentums. »Lukas steht zwischen Jerusalem und Rom im Herzen näher bei Jerusalem, mit der Vernunft vielleicht näher bei Rom. Auf keinen Fall hat er sich opportunistisch auf die Seite des heidnischen Weltreiches geschlagen. Er stellt sich vielmehr in dieser Nachkriegszeit des ersten Jahrhunderts an die Seite des gedemütigten, alten Gottesvolkes und erweist den politischen Herren der Welt nicht mehr als den nötigen Respekt, der auch seine Grenzen hat« (Apg 4,25–28; 12,19b–23) *(K. Haacker).*

Die Abfahrt des gefangenen Apostels nach Rom (27,1–13)

Die historische Tatsache vom Transport des gefangenen Apostels von Cäsarea nach Rom hat Lukas in ihm wahrscheinlich vorgegebenen Seefahrerschilderungen eingebaut. Er folgt mit seiner Erzählung einem beliebten Motiv antiker Literatur. Lukas erweist sich als spannender Erzähler, der einer profanen Geschichte die eigene Aussageabsicht meisterhaft aufprägt. Das Interesse des Lesers sollte nicht so sehr die topographischen und navigatorischen Probleme der geschilderten Seereise ins Auge fassen, sondern das hineinverwobene Paulusbild nachzuzeichnen versuchen.

Paulus wird auf der Fahrt von anderen Christen begleitet, unter ihnen der in 19,29 – 20,4 bereits genannte Paulusbegleiter Aristarch. Der Wir-Stil (s. schon 16,10 – 17,20; 20,5–8.13–15; 21,1–18) erweckt den Anschein der Augenzeugenschaft und gibt dem Ganzen den Anstrich größerer Glaubwürdigkeit und Lebendigkeit. Die im lukanischen Doppelwerk vorherrschende positive

Sicht der römischen Obrigkeit erfährt eine Fortsetzung in der Erlaubnis des Hauptmanns, daß Paulus in Sidon die Christen aufsuchen darf (V. 3). In den Versen 9–11 wird Paulus als vorherwissender, wenn auch noch unerkannter Gottesmann dargestellt. Paulus kennt den Weg und auch seine Gefahren. Wie so oft in der Apg wird auch hier sein Wort nicht befolgt. Das Ausschlagen seiner Warnung läßt nichts Gutes erwarten.

Der Seesturm (27,14–26)

Als im Seesturm »jede Hoffnung auf Rettung geschwunden war« (V. 20), läßt Lukas den Apostel eine Rede halten, die Mut und Zuversicht ausstrahlen soll. Um den Worten Glaubwürdigkeit zu verleihen, wird zunächst die Schiffskatastrophe als Erfüllung der Warnung in Vers 10 hingestellt. Ziel der Ermahnung ist wie so oft im Leben des Paulus, den Bedrängten Mut zu machen (14,22; 15,41; 16,5; 16,40; 18,23; 20,1). Die Zuversicht des Paulus, daß alle am Leben bleiben, obwohl das Schiff untergehen wird, läßt Lukas in einer Vision ähnlich 23,11 begründet sein, die den missionarischen Erfolg unter der Schiffsbesatzung und vor allem das missionarische Ziel in Rom zur Gewißheit werden läßt. Gott steht seinem Diener zur Seite gerade auch dann, wenn Katastrophen und Nacht sich breitmachen. Das Vertrauen auf Gott schafft Zuversicht.

Der Schiffbruch vor Malta (27,27–44)

In Vers 30 erscheint Paulus wieder als Retter, indem auf seine Intervention hin die Matrosen an einer Flucht gehindert werden. Alle zusammen sollen gerettet werden, d.h. Christen werden (vgl. 27,24; 2,40). Ein zum vorgegebenen Bericht gehörendes Stärkungsmahl wird durch Paulus zum Rettungsmahl, an dem die Verheißung des Lebens haftet. Das »Brot-Nehmen« (vgl. Lk 9,16; 22,19; 24,30), das »Vor aller Augen Gott danken« (vgl. Lk 22,19), das »Brotbrechen« und »Essen« (vgl. Lk 9,16; 22,19; 24,30; Apg 2,42.46; 20,7.11) setzen das Geschehen in eine Linie mit der Brotvermehrung, dem Abendmahl, der Emmausgeschichte und den urchristlichen Mahlfeiern. Die rettende Mahlgemeinschaft mit Jesus Christus rückt in den Blick und wird von Lukas in Form geschichtlicher Darstellung verkündigt. Die Verse 42–44 berichten von der Rettung aller, die nur möglich geworden ist durch das äußerst entgegenkommende Verhalten des Hauptmannes gegenüber Paulus. Paulus und damit das Christentum wird der staatlichen Obrigkeit als schutzwürdig und das Verhalten des Machtinhabers als vorbildlich vorgestellt. Der Weg des Evangeliums nach Rom kann durch keine Macht verhindert werden, denn es ist der Weg Gottes.

Die Überwinterung auf Malta (28,1–10)

Der Aufenthalt auf Malta wird von Lukas benutzt, Paulus als Wunderheiler herauszustellen, der – selbst wunderbar gerettet – zum Retter anderer wird. Göttliches Heil wird niemals für sich selbst empfangen, sondern befähigt zum Heilsdienst am Nächsten. Zu Versen 3–6 gibt es in der Antike eine ähnliche Geschichte:

> »Als ein Gescheiterter einst, dem Sturm und dem Rasen des grausen Meeres entronnen, nicht fern von dem Gestade der See nackt im lybischen Sand lag und dumpfer Schlummer ihn beschwerte, da ihm des Schiffbruchs Not furchtbar die Kräfte erschöpft, stach ihn die giftige Natter ... Da rang er nun gegen die Wogen, nur um zu Land in den Tod, der ihm verhängt war, zu gehn.«
> (Text und Übersetzung: *H. Beckby*: Anthologia Graeca Bd. II, München 1957, S. 172f. = Buch VII der Anthologie, Nr. 290)

Die wunderbare Errettung des Paulus vor der Schlange stellt nicht nur seine Unschuld heraus, sondern macht ihn in den Augen der Unwissenden zum Gott. Der Leser weiß aus 14,8–18 um den christlichen Umgang mit derartigen Fehleinschätzungen. Die Gastfreundschaft beim ersten Mann der Insel macht erneut deutlich, daß das Christentum sich bis in die höchsten Schichten Zugang zu verschaffen vermag. Lukas wirbt für das Ansehen der Christen.

Das Wunder am erkrankten Vater des Publius steht in der Linie der Heilungsgeschichten Jesu und der Zwölf Apostel, wie sie dem Leser des lukanischen Doppelwerkes hinlänglich bekannt sind. Es bezeugt die heilschaffende Kraft des christlichen Glaubens. Gebet und Handauflegung bezeichnen einen noch immer gültigen Heilungsgestus. Im Gebet wird der Kranke Gott anvertraut, der nach dem biblischen Zeugnis als der eigentliche Arzt und Heiland anzurufen ist. Das Heil bedarf der Offenheit des Menschen, die sich am besten im Gebet zeigt. Der Mensch verfügt nicht über Gottes Heil, sondern bittet darum. Lukas selbst hat in seinem Werk zur Unterscheidung gegenüber hellenistischer Wundersucht und Wundertäter auf die Bindung des christlichen Wundertäters an seinen Herrn hingewiesen (vgl. 3,6; 4,10–12.30; 6,8; 8,20; 9,17.34.40; 14,3; 16,18; 19,11). Die Handauflegung drückt personale Zuwendung und heilschaffende Nähe aus. Die Heilige Schrift weiß mehr über die Zusammenhänge von Leib und Seele, von Krankheit und menschlicher Grundverfassung als manch andere Form moderner Medizin. Wie so oft bei Lukas rundet eine zusammenfassende Bemerkung über die Heiltätigkeit diese Szene ab (vgl. z.B. Lk 5,15; 6,18; Apg 5,16; 10,38; 19,11.12). Paulus, der als Hilfesuchender kam, wird so zum Helfer der Kranken. Ehrerbietung und Hilfe sind der Dank (V. 10).

Von Malta nach Rom (28,11–15)

Die Reise führt über Syrakus und Reggio di Calabria zum antiken Hafen Roms, dem heutigen Pozzuoli. Christen nehmen Paulus auf (V. 14). Christen der römischen Gemeinde kommen entgegen (V. 15). Die Gemeinschaft der Christen ist Grund, Gott zu danken und neuen Mut zu fassen. Lukas weiß um die Begegnung des geschichtlichen Paulus mit der römischen Gemeinde, für die Paulus sein wichtigstes Schreiben, den Römerbrief, verfaßt hatte. Davon und von der großen Sehnsucht des Apostels nach einem Zusammentreffen gerade mit dieser Gemeinde erfahren wir nichts (vgl. Röm 1,9.10; 15,32). Paulus wollte von dort nach Spanien weiterreisen (Röm 15,28). Lukas verschweigt es, um nach seinem heilsgeschichtlichen Konzept Paulus als den entscheidenden Zeugen auch gerade in Rom darzustellen (23,11).

Ankunft und Wirken des Völkerapostels in Rom (28,16–31)

Lukas hat in diesem Abschnitt einen krönenden Abschluß seines Doppelwerkes geschaffen, der nochmals in eindrucksvoller Weise die gesamte Verkündigungsabsicht des lukanischen Doppelwerkes zusammenfassend anklingen läßt. Dahinter steht das Wissen um die Bedeutung der paulinischen Verkündigung, die durch Paulus eingeleitete Hinwendung zu den Heiden, die zur Zeit des Lukas bereits vollzogene Trennung von Juden- und Christentum, um ein zweijähriges Wirken des gefangenen Paulus und seinen Märtyrertod.

In dem Abschnitt kommt der gottgewollte Weg des Paulus nach Rom zum Ziel (vgl. 19,21; 23,11; 25,10–12; 27,24). Immer wieder hat Lukas betont, daß Paulus sich zuerst den Juden zuwendet. In Rom sind es die führenden Juden einer großen und bedeutungsvollen Diasporagemeinde. Die Verse 17–22 fassen den Prozeß der Kapitel 21 – 26 zusammen, sehen ihn in Parallele zur Passion Jesu (Lk 18,32; Apg 21,11), betonen die Verbundenheit mit dem Volk Israel, stellen das Unrecht der Gefangenschaft, die Unschuld des Paulus heraus und sehen den Grund seiner Situation in einer notwendigen Berufung an den Kaiser. Als entscheidender Anlaß der Fesseln aber wird die Hoffnung Israels, der Glaube an die Auferstehung, genannt.

Zusammenfassend als die Mitte der Verkündigung des Paulus wird in Vers 23 die Reich-Gottes-Botschaft und der schriftgemäße Christusglaube angegeben, wie sie der Leser im Lukasevangelium und in den Reden der Apg nachlesen kann. Die Reaktion der jüdischen Zuhörer ist wie immer zwiespältig und zerstritten (VV. 24.25), die ihren Grund in der Verstockung Israels hat, wie das Jesaja-Zitat zu belegen weiß (vgl. Lk 8,10 und Röm 11,7.8). Israel will nicht. Es hat sich selbst ausgeschlossen. Die gottgewollte Hinwendung zu den Heiden muß ohne das auserwählte Volk in seiner Gesamtheit geschehen (V. 28). Lukas schreibt für seine heiden-christlichen Leser, warum es zur Trennung von Juden- und Christentum kam, läßt aber immer deutlich werden, daß Gott Juden und Heiden mit dem Heil Jesu Christi beschenken will. Das gilt auch in Zukunft. Von der Botschaft ist keiner auszuschließen, und die Bekehrung von Juden war und ist immer möglich. Zu groß ist die Verbundenheit. Ein Christ kann sich der jüdischen Herkunft seines Glaubens nicht verschließen, und die Trennung vom Judentum bleibt deswegen immer ein schmerzliches Problem, das Lukas nach dem »Warum« fragen läßt.

Nochmals zeichnet Lukas in den beiden letzten Sätzen seines

Doppelwerkes das Bild eines Paulus, der trotz Gefangenschaft zwei Jahre lang allen das Reich Gottes verkündigt und die Lehre über Jesus Christus vorträgt. Beides ist inhaltlich und in Form geschichtlicher Darstellung im lukanischen Doppelwerk überzeugend und mitreißend zur Sprache gekommen. Die Botschaft gilt universal allen Menschen. Die letzte Aussage der Apg ist »mit allem Freimut und ungehindert«. Dies will Lukas betonen, und darum berichtet er nicht vom Tod des Apostels nach der zweijährigen Haft. Die Biographie des Paulus muß hinter der Botschaft zurücktreten. Die Verkündigung an alle Völker (Lk 24,47) und das Zeugnis bis an die Grenzen der Erde (Apg 1,8) gehen weiter mit großem Freimut und ungehindert.

Lukas möchte den Leser bewegen, so wie Jesus die Botschaft vom Reich Gottes zu verkünden und so wie die zwölf Apostel und Paulus die Lehre über Jesus Christus weiterzugeben. Es ist Überzeugung und Wunsch (vgl. 4,29) des Verfassers, daß dies geschehen soll mit allem Freimut und ungehindert.

DRITTER TEIL

Anhang

1. Literatur

Blank, J., Vom Urchristentum zur Kirche, München 1982.
Bornkamm, G., Paulus, Stuttgart [4]1979.
Brown, R. E., Donfried, K. P., Reumann, J. (Hrsg.), Der Petrus der Bibel. Eine ökumenische Untersuchung, Stuttgart 1978.
Haacker, K., Wege des Wortes. Apostelgeschichte (Bibelauslegung für die Praxis 20), Stuttgart 1984.
Kraft, H., Die Entstehung des Christentums, Darmstadt 1981.
Lüdemann, G., Paulus und das Judentum, München 1983.
Mußner, F., Apostelgeschichte (Die Neue Echter-Bibel, Bd. 5), Würzburg 1984.
Schneider, G., Die Apostelgeschichte (HThK V. 1.2), Freiburg 1980 (1982).
Theißen, G., Soziologie der Jesusbewegung (Theologische Existenz heute Nr. 194), München [2]1978.
Trilling, W., Mit Paulus im Gespräch. Das Lebenswerk des großen Völkerapostels. Eine Hinführung, Graz – Wien – Köln 1983.
Weiser, A., Die Apostelgeschichte (ÖTK 5.1.2), Gütersloh – Würzburg 1981 (1985).

2. Bibelarbeit – Fragen

1. *Zu Apg 1:*
Lesen Sie das Vorwort des Lukasevangeliums und wenden Sie es auf die Apostelgeschichte an!

Vergleichen Sie den Schluß des Lukas-Evangeliums mit dem Anfang der Apostelgeschichte!

Welche Vorstellungen haben Sie von den nachösterlichen Erscheinungen? Haben Sie erfahren, daß Jesus Christus lebt und Sie in seinen Dienst nimmt?

Worin gleichen sich Berufung und Sendung durch den Auferstandenen bei den Jüngern der ersten Stunde und bei den Christen heute? Worin sind wir auf das Zeugnis der Apostel angewiesen?

Was erwarten wir, wenn wir vom Reich Gottes sprechen?

Wie denken Sie über die Wiederkunft des Herrn?

Die Himmelfahrt Jesu gehört einem vergangenen Weltbild an. Was hat die Erzählung mit Ostern zu tun? Wo ist Jesus für uns? Worauf warten wir? Was haben wir zu tun?

2. *Zu Apg 2:*

Malen Sie ein Pfingstbild!

Welche Erfahrungen damals und heute lassen die Kraft Gottes spüren? Was bewirkt Gottes Geist? Welche Großtaten Gottes damals und heute können Sie nennen? Betrachten Sie das Lied »Komm, Heiliger Geist« (Gotteslob Nr. 241)!

Vergleichen Sie die Rede des Petrus (Apg 2,14–36) mit der Rede des Paulus (Apg 13,16–41)!

Wie müßten unsere Gemeinden auf Grund von Apg 2,42–47 aussehen?

3. *Zu Apg 3:*

Welche Verbindung besteht zwischen Glaube und Heil, zwischen Christus-Zugehörigkeit und Gesundheit (Apg 3,1–10)?

4. *Zu Apg 4,20:*

Haben Sie die Christus-Botschaft weitergegeben? Was ist eine missionarische Gemeinde?

5. *Zu Apg 4,32 – 5,11:*

Wie kann christlicher Umgang mit dem Besitz aussehen? Ist der Einsatz des Vermögens für die Notleidenden im Privatbereich, in Gemeinde, Gesellschaft und Kirche hinreichend?

6. *Zu Apg 5,21–42:*
Können Sie sich Situationen vorstellen, in denen der Christ Gott mehr gehorchen muß als den Menschen (Apg 5,29)?

7. *Zu Apg 6,8–15; 7,54 – 8,1:*
Vergleichen Sie Verhaftung und Steinigung des Stephanus mit der Passion Jesu!

8. *Zu Apg 7,1–53:*
Leider fehlt im christlichen Glaubensbekenntnis das Wirken Gottes in der Geschichte seines Volkes. Welche Heilsereignisse sind in der Stephanusrede noch immer unaufgebbarer Inhalt auch des christlichen Glaubens? Worin wird das Fehlverhalten Israels durchsichtig für das Fehlverhalten von Kirche?

9. *Zu Apg 8,26–40:*
Wie kommen die Emmaus-Jünger zum Glauben, wie der Äthiopier? Wie kommen Kinder und Erwachsene heute zum Glauben?

10. *Zu Apg 9,1–22:*
Meditieren Sie anhand der Bekehrung des Paulus Ihre eigene Berufung!

11. *Zu Apg 9,32 – 11,18:*
Die Juden-Christen mußten erst lernen, daß Gottes Heil für alle Menschen gedacht ist. Die europäischen Christen müssen heute lernen, daß ihre Form des Glaubenslebens nicht unbedingt maßgeblich für Südamerika, Afrika oder Indien ist. Aber auch bei uns erscheint Christentum oft an eine bestimmte Bürgerlichkeit, Partei oder Lebensauffassung gebunden. Wie kommen wir dazu, daß Menschen, die anders denken, fühlen und leben, auch in der Kirche Heimatrecht erhalten?

12. *Zu Apg 12,1–23:*
Der verfolgte und gefangene Paulus wird frei, der nach Ansehen maßlos strebende Herodes Agrippa ist zu Tode getroffen. Wofür lohnt sich der Einsatz? Wo liegen Möglichkeiten und Grenzen des Menschen im Streben nach Anerkennung? Bekennermut, Verfol-

gung, Isolation auf Grund eigener unaufgebbarer Überzeugungen, Nacht, Gefängnis sind nicht ausweglos ...

13. *Zu Apg 13,1–3:*
Welche Leitungsstrukturen werden sichtbar? Warum Beten und Fasten, um für Gottes Auftrag bereit zu sein?

14. *Zu Apg 13,14–52:*
Heiden damals und Nichtgläubige oder Kirchenferne heute: Welche Parallele und welche Unterschiede sehen Sie? Was müßte als Inhalt unbedingt weitergesagt werden? Wie läßt sich die Rede des Paulus so umschreiben, daß auch ein Nicht-Theologe oder ein Nicht-Christ spürt, warum es gut wäre, Christ zu sein?

15. *Zu Apg 14,8–18:*
Ist die Schöpfung ein Hinweis auf den guten Schöpfergott? Welche Erfahrungen mit dem Leben, der Natur und Welt verdanken Sie Gott?

16. *Zu Apg 15,1–35:*
Welche Gründe gab es für die Juden-Christen, auch als Christen noch treue Juden zu bleiben? Warum aber mußte sich die Kirche den Heiden öffnen? Welche traditionellen Lebensformen und Einstellungen sind unaufgebbar, welche müssen und dürfen aufgegeben werden, um die Kirche für Andersdenkende zu öffnen?

17. *Apg 16,11–34:*
Wie können Gemeinden entstehen? Welche Stellung der Frau wird sichtbar? Können Sie sich Hausgemeinden vorstellen? Was hält uns gefangen, was macht uns frei? Welche Unannehmlichkeiten können das Leben eines bekennenden Christen treffen?

18. *Zu Apg 17,16–34:*
Warum sucht der Mensch eigentlich Gott? Wo läßt er sich erahnen? Wie können wir von ihm sprechen, wenn wir Nichtgläubigen begegnen? Dürfen wir uns ein Bild von Gott machen?

19. *Zu Apg 18,1–17:*
Paulus steht nicht allein da. Nur durch die Mitarbeit und den Dienst anderer kommt das Wort Gottes voran. Kann die Passivität so vieler Christen überwunden werden? Welches Netz muß geknüpft werden, damit Kirche zur Heimat für viele werden kann? In Apg 18,9 bekommt Paulus in der Nacht göttlichen Zuspruch: Bewegt die Sache Jesu unser Inneres, daß wir selbst in der Nacht, im Traum Mut bekommen, um das Heil anderer zu bewirken?

20. *Zu Apg 19,21–40:*
Die christliche Verkündigung verändert das Leben und schafft Unruhe. Nennen Sie Beispiele! Was hat Glaube mit der Wirtschaft zu tun?

21. *Zu Apg 20,17–38:*
Wenn Sie sich von Ihrer Gemeinde endgültig verabschieden müßten, wie sähe der Abschiedsbrief oder Ihre Abschiedsrede aus? Geben Sie – wie in einem Testament – Rechenschaft über Ihr Christsein!

22. *Zu Apg 22,18–26:*
Warum wird Paulus von Juden-Christen mißverstanden? Wie ist mit Christen umzugehen, die sich um Außenstehende kümmern (VV. 19.20)? Wie kann die Einheit mit den Konservativen betont werden?

23. *Zu Apg 21 – 26:*
Lesen und vergleichen Sie die Verteidigungsreden, die Lukas dem festgenommenen Paulus in den Mund legt. In welchem Licht erscheinen die Juden und die staatlichen Gewalten? Wann ist es leicht, wann schwer, sich zu seinem Glauben und zu seiner Berufung zu bekennen? Der Leidensweg des Paulus ist christliche Wiederholung der Passion Jesu. Lohnt es sich, für seine Überzeugung zu leiden oder gar zu sterben?

24. *Zu Apg 28,16–31:*
Wie sehen Sie das Verhältnis von Juden und Christen? Was verbindet und was scheidet sie? Für welche Hoffnung würden Sie

sich verfolgen lassen? Was behindert die christliche Botschaft? Wie und wo könnten Sie das Reich Gottes verkündigen? Welche Bedeutung hat Jesus Christus für die Menschen, so daß es unbedingt weitergesagt werden muß? Wie wurde Ihr Christus- und Kirchenbild von der Apostelgeschichte beeinflußt? Woher kommt die Kraft und der Mut, die Botschaft trotz Widerstände und trotz Behinderungen ungehindert und freimütig zu verkündigen?

Zum Verfasser

Klaus Kliesch, geb. 1938; Studium der Theologie in Paderborn, Tübingen und Bochum; 1968 Priesterweihe, danach Kaplan in Berliner Gemeinden; 1971–1975 Wissenschaftlicher Assistent am Neutestamentlichen Seminar der Kath. Theol. Fakultät der Universität Bonn; 1975–1984 Dozent und Direktor an der Theologisch-Pädagogischen Akademie Berlin; seit 1984 Pfarrer von St. Marien-Liebfrauen in Berlin-Kreuzberg.